# 50个教育法

我把三个儿子送入了斯坦福

陈美龄著

陈怡萍译

上海三联书店

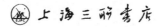

为人父母，都希望儿女成才。我希望我的经验能帮助年轻家长教育子女，让他们充满信心地追求梦想。

# 序言

プロローグ

二〇一五年，我的三儿子被斯坦福大学录取，正式入学了。

“斯坦福？是那所超越了哈佛，美国竞争度最高、录取率最低的大学吗？”“把家里的三兄弟全都送进了斯坦福，真厉害！”“怎么做到的？秘诀是什么呢？”诸如此类的疑问向我集中而来。

这不是可以简单解释清楚的。水滴石穿，并非一二日之事。

美国的大学不会以笔试作为统一入学测验。绝不会像日本一样，出现依靠笔试成绩打出“逆转本垒打”的状况。在美国大学中，最重视的是申请书和论文内容，并非入学考试本身。而且，除了会看在大部分英语圈国家应用的大学升学适应性测验（即SAT或ACT）成绩，还会考查该学生初中到高中四年间的成绩。外语能力，沟通交流能力，领导力，社会贡献度，未来潜力，毕业时负责教师的评价，以及获奖情况等等方面，也将一并作为选拔参考。

成绩要优秀，那是当然的。除此以外，至今完成了什么样的事情，今后是否有达成什么目标的可能性，这两点很关键。也就是说，大学通过统览一个孩子的整个人生，决定其是否可以入学。

因此，想要把自家孩子送进一流大学的家长们，在平时就要注意充实孩子的生活，最大限度拓展可能性，必须把孩子培养成一名不仅学习优秀，又有能力和个性魅力的人。否则，不管怎样都无法考入顶级大学。说真的，其难度之大超乎想象。

我在日本的母校是上智大学。在上智大学的心理学院社会儿童心理学系待了两年后，转至加拿大多伦多大学继续修学分，直到毕业。这两所大学都是很棒的学校。但仅从世界排名来比较的话，和斯坦福大学这样的世界名门之间，差距可就非常大了。

对于曾经的我来说，斯坦福也只是一个遥不可及的向往。而在一九八九年，某次因缘际会使一切发生了改变。事情的开端，得从我生完第一胎，带着大儿子返回职场所引发的“Agnes 带子争论”说起。

“Agnes 争论”（编者注），作为一场围绕女性的争论，从一九八七年起整整持续了两年，成为了当时的社会性话题。这件事被刊载在美国《时代》周刊杂志上，引起了斯坦福大学教育经济学者迈拉·斯特罗伯（Myra H. Strober）博士的注意。

“请务必和我见个面。”他通过我们共同的朋友，向我发出了邀请。

当时，已经身为日本大学讲师的我，正好收到来自加利福尼亚州州立大学的委托，希望我过去做特别讲座。配合讲座日程往美国后，我顺道拜访了斯坦福大学，与斯特罗伯博士会面。

对于那时所见的斯坦福，我一见钟情。

宽敞的校园里到处是西班牙风格的建筑和椰子树。蔚蓝天空下，学生们作凉拖配短裤的打扮。在气氛如此自由，充满欢颜的地方，我感受到了未来的气息。斯特罗伯博士建议我进入研究生院，从经济学角度分析

“Agnes 争论”，以此为课题做研究。

但我当时已经有孩子了，是否真的要留学，非常迷茫。丈夫眼见我苦恼的样子，在背后给予了支持鼓励。而我自己，也涌现出了“想要学习掌握更多知识！”的意愿。为了入学考试，我写了论文，还通过了进入研究生院必需的考试（GRE）。一九八九年，正式进入斯坦福大学进修教育学博士课程。

我就是这样开始一边带孩子一边留学的。与之前预想的一样，大学向我展现了宏伟梦想的蓝图。苦苦挣扎于难度颇高的课程中的我，受到了来自朋友和教授们的热心帮助。之后过了五年。一九九四年，我完成了毕业论文，在斯坦福大学被授予教育学博士称号（Ph.D），顺利毕业。

这期间二儿子出生，我成了两个孩子的母亲。看着在学校里玩耍的儿子们，渐渐产生了这样的想法：“要是有一天孩子们也能在这所大学里学习，那该多好啊。”

当然啦，那时候还只是如梦幻般遥不可及。

斯坦福大学里有一块区域，事实上就是如今美国IT技术革新的圣地——硅谷的发祥地。

如今的硅谷，林立着谷歌、雅虎、脸书和苹果等主导信息社会的公司。街道上全是年轻创业家，将要创造下一个时代的一流精英们聚集于此。斯坦福大学，以此地为中心，不断培养出了许许多多优秀的人才。我一直坚信，能够在这样的环境中学习，我的儿子一定能成为走遍世界都有用武之地的人。

在日本，当然也有很多优秀的大学。但是，如斯坦福大学一样的美国一流大学，无论人才还是财力都更有优势。儿子们如果能在那样良好的环境中，与最高水平的人们并肩学习，由此得到的收获不可估量。若是只在日本学习，也许根本无法着眼于世界。想要让孩子们多了解这个世界真正的广阔和精彩，这种想法特别强烈。

我们家夫妇俩都要工作，时间不够用的前提下还要照顾孩子，总之非常辛苦。光是保护好孩子，健康平安地养育起来，就已经很困难了。

真的可以把他们送进美国一流大学吗？孩子尚且年

幼时，我没有任何把握。但在我头脑深处，一直都有想把孩子们培养成世界性人才的观念，也抱有一种“不想落后于时代”的危机感。为此，作为父母不想有任何后悔，决定每天都要做好所有力所能及的事情。

从那以后，大部分时间我都尽量与孩子们一同度过。其间，运用了我在多伦多大学掌握的儿童心理学技巧，以及在斯坦福大学教育学系做研究的教育理论。然后再补充上我自己的理解和来自我父母的教诲，创造出了“Agnes 式教育法”。这既是每天的挑战，也是一种乐趣。

丈夫也和我一起，把大部分时间抽出来留给孩子。如此不惜一切一路走来，终于实现了三个儿子全部考入斯坦福大学的愿望。

当收到三儿子合格的消息时，我简直欣喜若狂。哭了！笑了！高呼庆祝！还和周围的人拥抱在一起。真的感觉如同发生了奇迹一般。不断地无数次在心里默念“感谢！感恩！”“努力有了价值！所有的一切都得到了回报！”

那份喜悦，不仅仅是因为合格录取这件事本身。无论出身于多有名的大学，都无法保证今后的人生。这个世界，决不能小看。

美国最难考的斯坦福大学认可了我的儿子们。能够通过其严格的入学选拔标准，也就说明我的儿子们付出了努力并有所成长。我只是为这一点而开心。是一种作为家长的自豪感。

“三个人都进了斯坦福？不可思议啊！”“有进行过什么特别的教育吗？”当被问到这样的问题，我只是回应：“不不，很普通啦。”

因为我从来没和别人比较过，所以不知道自己教育孩子的方法是不是很特别。而且育儿这件事，根据孩子和家庭情况不同，最适宜的方法当然也不一样。因此我不清楚我的教育法是否适合所有人。甚至可以说，我的方法很特殊，并不普遍适用。

但即便如此，仍然有许多人向我表示想要了解一下“Agnes 式教育法”。既然这样，就算是为了孙子也好，不如就把自己的育儿方法中大大小小的“招数”，以及亲自实践过的教育法都写下来好了。

这本书里所写的我个人的育儿、教育法，并不是为了使孩子考取世界一流大学的所需技能。倒不如应该说是以培养世界通用、活跃于全球舞台的年轻人为目标而撰写的参考书吧。我认为，未来的教育，如果不与国际标准接轨，那么孩子们别说在世界舞台了，就连在日本也无法大显身手。

作为“育儿启示录”的这本书，如果能对想要进行世界级育儿教育的您有所参考，我将甚感荣幸。您的孩子也一定会更有自信，怀揣远大梦想，积极迎接挑战，成长为对世界有所贡献的年轻人。

希望担负着世界未来重任的孩子们，哪怕一人也好，有更多的孩子可以健康地长大！若此书能助您一臂之力，于我亦是无上之幸。

编者注　“Agnes 争论”：一九八七年刚生完长子的作者本人，带着婴儿去到电视台录制现场一事被媒体报道。围绕此事是非与否，在各种媒介上引发了争论。

## 世界大学排名

| 2015－2016 年 | 大学名称 | 所属国家 |
|---|---|---|
| 第 1 名 | 加利福尼亚理工学院（CALTECH） | 美国 |
| 第 2 名 | 牛津大学 | 英国 |
| **第 3 名** | **斯坦福大学** | **美国** |
| 第 4 名 | 剑桥大学 | 英国 |
| 第 5 名 | 麻省理工学院（MIT） | 美国 |
| 第 6 名 | 哈佛大学 | 美国 |
| 第 7 名 | 普林斯顿大学 | 美国 |
| 第 8 名 | 伦敦帝国学院 | 英国 |
| 第 9 名 | 苏黎世联邦理工学院（ETH Zürich） | 瑞士 |
| 第 10 名 | 芝加哥大学 | 美国 |
| 第 11 名 | 约翰·霍普金斯大学 | 美国 |
| 第 12 名 | 耶鲁大学 | 美国 |
| 第 13 名 | 加利福尼亚大学柏克莱分校（UCB） | 美国 |
| 第 14 名 | 伦敦大学学院（UCL） | 英国 |
| 第 15 名 | 哥伦比亚大学 | 美国 |
| 第 16 名 | 加利福尼亚大学洛杉矶分校（UCLA） | 美国 |
| 第 17 名 | 宾夕法尼亚大学 | 美国 |
| 第 18 名 | 康奈尔大学 | 美国 |
| 第 19 名 | 多伦多大学 | 加拿大 |
| 第 20 名 | 杜克大学 | 美国 |
| 第 43 名 | 东京大学 | 日本 |
| 第 88 名 | 京都大学 | 日本 |

数据参考来源：泰晤士高等教育世界大学排名（2015－2016）

1

1. 我在六兄弟姊妹中排第四，小时候是一名害羞的小女孩。

1 2

1.1985 年，和金子力结婚。

2. 与外国人结婚，对我对丈夫都是一个大挑战，但我相信缘份是天定的。

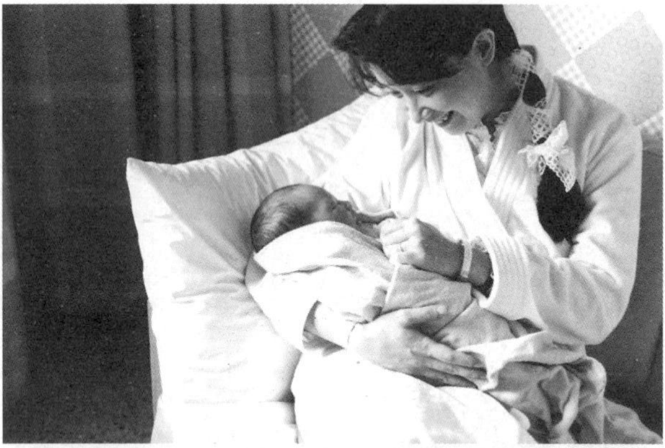

1 | 2 | 3

1. 大儿子和平诞生了，我当上了妈妈，对孩子的爱充满我心。

2. 和平、升平和协平三兄弟，和婆婆一起在香港的家。

3. 在美国留学时的照片，取得教育博士学位，在我教儿子上有很大的帮助。

| | |
|---|---|
| 1 | 2 |

1. 妈妈拿到博士学位，孩子们也开心；想不到他们也考上了这所超级学府，真的很感谢，也为他们骄傲。

2. 在斯坦福留学时，我和儿子们在草地上享受加州阳光。

1. 斯坦福大学的毕业典礼。一边带孩子，一边读书和研究，好不容易得到的博士学位，真的很高兴。

2. 在斯坦福度过的日子，令我发觉到这学府的很多优点，开始希望孩子们也能得到同样教育。

1　2

1. 三个孩子，各有不同，各有各好！

2. 和孩子们在一起的时间，是我最珍惜的时间。

1 2

1. 三兄弟感情非常好，大的爱护小的，小的尊敬大的；他们互相支持、信任，令我非常安心。

2. 协平和他的马。看着他成长，当妈妈的真的很开心。

| 1 | 2 |
|---|---|

1. 升平毕业于斯坦福时的照片。参加他的大日子，我无量的为他骄傲。

2. 和平和我一起到印度，帮联合国儿童基金会做义工。孩子大了，反过来保护妈妈，真感谢。

1

1. 人生里做了不少事业，也创出了自己的名声，但我最大的成绩是教育、养大了三个孩子！

# 目录

## 第三章 想要赋予孩子的 15 种力量 同样有助于学习



* 在日本，热衷于让孩子上各种补习班、督促其学业，对孩子寄予厚望的母亲，通常被叫做“教育妈妈”。这个叫法或含有贬义，一说认为其教育方针过度，是无视孩子意愿的一种家庭教育行为。

## 第四章 培养好学孩子的 9 个方法

## 第五章 应对青春期孩子的 6 个提示



## 第六章 往斯坦福大学的道路

# 第一章

# 8 身为家长的个觉悟

## 親としての8つの覚悟

“教育妈妈”宣言 | 夫妻之间确定好教育方针 | 家长承担教育的全部责任 |
倾注无限的爱 | 记住，永远以孩子优先 | 不叱责，尝试适当表扬 | 绝对禁止体罚 |
不要期望如朋友般的亲子关系 |

# 1

# “教育妈妈”宣言

教育ママ宣言

Be an education-minded mom

教育，是父母能给孩子的最好的礼物。

我一直自认是个“教育妈妈”。

为什么我会变成“教育妈妈”呢？我想这和我的成长背景有很大关系。

我父亲生于香港。鸦片战争以后，香港沦为英国殖民地。第二次世界大战时被日本占领，战后又再次为英国统治，直到一九九七年回归中国。我母亲则生于中国内地。国共内战开始，内地实行共产主义。中华人民共和国成立后又经历了文化大革命，直到施行改革开放政策为止，一直都纷争不断。

我的父母就在这样严峻的社会形势下，被迫过着不安稳的生活。到昨天为止还有价值的存款，由于政府更替，成了毫无用处的一堆破纸。这种事情遭遇了好几次。白手起家的生意也好，拥有的土地、名誉也好，政权一变，价值观立刻转向，所有东西一夜之间都没了。

生活在那种状态下的父亲，有几句话经常挂在嘴边：“钱财、名誉如流水。一旦出事立刻会被夺走。但是，知识一旦记入脑子，就不会被人夺去，它会成为你一生的宝物。所以在你能学习的时候要珍惜机会，好好学习。”

无论生活有多艰苦，父母都拼命工作，把家里六个孩子都送进了学校读书。对于教育，我父亲始终抱着一个坚定不移的信念："孩子们身上拥有着美好的未来。但有一个前提——好好接受教育。"

之前我一度辞去偶像工作到加拿大留学，也是因为父亲的这句话说服了我。当时实在太忙，连大学都上不了，朋友都交不上。眼见我如此糟糕的生活状态，父亲提出建议，希望我去留学。

我在多伦多大学学习了两年时间。正是这段时光使我的人生发生了巨变。不光是学习，关于唱歌的意义、自我身份认同等方面，都有了非常深入的思考。之后，我在斯坦福大学获得博士称号。从此，人生又迈入了更广阔的天地。

"能学习的时候要珍惜机会，好好学习！"

父亲的这句叮嘱有多重要，至今我在感谢的同时，也时常琢磨吟味。父母能给孩子最大的礼物，就是教育。我曾在心里发过誓，有自己的孩子后，一定要赌上一生，给孩子最好的教育。

我对自己"教育妈妈"的身份很有自信。也许有人会说，“老是这样喊‘学习、学习’，孩子怪可怜的。”但是在我看来，“教育”并不等同于“学习”。“教育”这个词，具有非常丰富的意义。因此，我对自己是“教育妈妈”这件事一点都不觉得羞耻。

话说回来，教育要从何时开始呢？

我认为得从怀孕期开始。虽然没做过什么特别的胎教，但我怀孕时就想着要好好照顾身体，生个健康的宝宝，这算是育儿的起点吧。接着在怀孕九个月的时候，考虑如何配合家里的生活模式制订育儿计划，与丈夫商量关于教育计划和目标的问题。

婴幼儿期，是教育中最重要的时期。俗话说“三岁看大，从小看老”，据说孩子大脑发育百分之八十的过程，到三岁为止就已完成。到这一阶段形成的性格和个性，很大程度上将影响孩子今后的人生。许多心理学家和教育学家普遍认为，对婴幼儿期的教育进行投资，得到的收获最大。

学龄前的孩子要贴身照看，尽可能多待在一起，给他满满的母爱。这样的想法我在怀孕时就有了。之后会带着孩子回到职场工作，背后也是出于这一考虑。

如果婴幼儿期的教育顺利的话，等孩子上学后，抚育起来就轻松多了。孩子的教育，不仅仅是学习能力的培养，而是身心两方面综合人格形成的过程。

我在育儿方面一个比较大的目标，就是希望孩子们处于最好的环境中，身边围绕着优秀的老师和朋友，接受着许多刺激，从而能够自发地学习。为此，自认把能做的都做到位了。结果我们家三个儿子全都实现梦想，考上了斯坦福大学。

# 2

# 夫妻之间确定好教育方针

夫婦間で教育の方針を決める

Arrive at a consensus with your spouse as how to educate your children

想给孩子怎样的教育，
夫妻之间达成一致。

关于孩子的教育方针，夫妻间必须达成一致。怀孕以后，夫妻俩马上进行商讨比较好。

在我们家，丈夫对我表态，“即使我们之间有各种意见，关于教育方面，最后还是由你决定吧。”虽然他经常说“是因为我不及你那么关心教育啦”，但现在回过头想想，他总能在关键时刻提出非常棒的意见。从结果上来看，似乎大部分也是采纳了丈夫提出的。

修完斯坦福大学的博士课程，我回到日本一边写博士论文，一边慢慢恢复工作。那年是一九九二年，正要决定我家大儿子读哪所小学。我一直有在关注东京都内某家著名的私立小学。这所学校可以自动升学晋级至大学，只要能入学，作为家长也就安枕无忧了。当时从“前辈”妈妈那里，获取了不少关于考试的建议等。

但是某日，丈夫参加完这所小学的说明会回来，突然对我说：“孩子他妈，我们还是放弃考试吧。”原来在说明会上，老师说了一段话：“由于应征者人数众多，请确保面试那天孩子绝对不能感冒。那是影响一辈子的日子，作为家长的责任，请把健康的孩子带过来哦。”

丈夫很是愤慨，“孩子感冒不是常事嘛。说这种话，证明他们不会为孩子考虑。那种地方不去也罢。”听他说完我才顿悟，想把孩子送进名校，也许只是父母的虚荣心作祟罢了。我为追随“世界名牌”而随波逐流的自己感到羞愧难当。

另外还有一家中意的国际学校，我觉得把孩子送进这里上学也挺好。可是呢，那所国际学校在当时没有得到文科省认证。也就是说，孩子即便在那儿毕业，也无法保证是否能进入日本国内的大学。即便如此，我们夫妇俩还是一起去了说明会。

“面试当天，如果孩子感冒的话，请立刻通知我们，学校会另行安排面试日期。校方想看到孩子最佳的状态，所以请一定不要勉强自己的孩子。”这次，从老师那里听到了这样的话。那一瞬间，我和丈夫互看一眼，同时点了点头，决定“就选这里了”。我们都觉得，能从孩子的角度考虑事情的学校比较好。这所学校就是“西町国际学校”。

孩子进入西町国际学校之后，我嘱咐丈夫，希望他尽量参加所有的学校活动。而且，我有什么困难、迷惑，一定会和丈夫商量着解决。

在育儿、孩子教育上需要花费大量精力，夫妻间的通力合作必不可少。大儿子提出想去美国念高中的时候也好，决定选择斯坦福大学的时候也好，丈夫都给予了我和孩子们恰当的忠告。让孩子进什么样的学校读书，这是件可以左右孩子一辈子的大事情。为此，必须预见未来，做出明智的选择。

有的朋友会说“我家那位才不会这么帮忙呢”。但我想说的是，世界上没有不疼爱自己孩子的父亲。即便两人意见不合，花些时间，慢慢地多交流沟通，这很重要。教育方针和升学相关的问题，夫妻之间要经常商讨、达成共识，这是最最基本的。

好比谚语“孟母三迁”，为了改善孩子的教育环境，有时候必须得有不得不搬家的觉悟。需要做重要决断的时候，夫妻俩最终都要商量好，这是最为重要的。

# 3

# 家长承担教育的全部责任

教育の全責任は親が持つ

The responsibility of educating the child rests with the parents

人格形成这么重要的工作，不能扔给学校就不管了。

我始终确信“教育的全部责任在于家长”。学校和老师只是重要的伙伴，孩子的教育，基本上所有的责任都应该由家长承担。

小学、初中教的是读写、算术，高中、大学教的是在社会上必需的专业知识。但是，老师的生活方式和对事物的看法，并不一定全部正确。其中，也有一些不希望孩子学习的部分。

这是我去参加二儿子的小学参观日发生的事。某位老师以“人类都是卑鄙的”为题，让学生们讲一讲平时在家，觉得家里人或自己卑鄙的一些事例。

当下我非常吃惊，但还是决定静观其变。轮到我家二儿子，他说道：“我觉得人类并不卑鄙。如果身边有这样的人，我会和他好好交谈，帮助他改正。”而老师听完之后竟说：“你好像没有完全理解这个主题的意思。不管怎样你也努力做发表了，大家拍手鼓励吧。”听他的意思，似乎认定我儿子说的观点是错的。其他学生们演讲的内容，也净是在拼命挑别人的错一样。

事后，我去找了那位老师，将自己的想法告诉他。

“我并不认为人类都是卑鄙的……”他解释道：“不不，我认为明白自己卑鄙的小孩，更能原谅他人。所以说，让孩子记住自己也是卑鄙之人比较好。”反正那位老师就是坚持自己的观点是正确的，丝毫不肯让步。我回家后，重新和二儿子谈了一谈：“没这回事哦。你也好妈妈也好，都不卑鄙。”“我就说是吧。”二儿子这才露出放心的表情。

有些老师的观点确实会像这样有失偏颇。在国际学校里，有歧视亚洲人的老师，也有只认规章制度，以自己的权威使学生服从的老师。而避免孩子受这些观点影响，就是家长的责任了。

曾经有一年，有位无论如何也和我家孩子合不来的老师做了班主任。那时候，我安慰孩子：“尽可能多看到老师好的地方，把注意力放在学习上。如果实在对这位老师喜欢不起来，也就这一年嘛。”并且，为了不让孩子成绩因为老师的好恶有所下滑，我也更加谨慎地参与孩子的学校生活。

在人格形成的重要时期，孩子们大部分时间都是在学校里度过。在这样一个狭小的世界里，被拿来和其他孩子比较，通过学业成绩和体育表现来评测价值。真是残酷的环境啊。有的孩子能够顺利融入学校生活，乐在其中；有的孩子却在学校被彻底“击垮”。家长要非常清楚其中存在这样的风险。无论孩子被放在什么样的环境中，都有责任让他们相信自我并拓展自己的潜力。

对孩子教育承担责任的，绝对不是学校和老师。“孩子教育的全部责任，由家长承担。”首先，必须得有这个觉悟。

# 4

# 倾注无限的爱

限りない愛情を注ぐ

Shower your children with love, it will help them bloom

被爱，才会信任他人。

人类在成长过程中感受到爱，才会信任他人。相信别人，也就会相信自己。

为此，特别是在婴幼儿期，我给儿子们几乎倾注了所有的爱。

处于婴幼儿期的小孩，总是由固定的人来照顾、疼爱的话，会让他们信任别人。肚子饿了就会有吃的，哭了就会有人安慰，累了就会有人来抱。如此循环，孩子就能够安心成长。而这个人选，妈妈、爸爸都行。就算是托儿所老师或者奶奶也可以。

而相反地，据说孩子如果在这段时期没有被重视，没有接收到足够的爱意，沟通交流能力就会变差，容易不信任他人。

关于如何表达爱意，我一直以来最重视肌肤之亲。我家三个儿子，都是母乳喂养到一岁零八个月为止。还是小婴儿的时候，经常抱抱、背背，使他们感受母亲的体温和气味，让他们安心。直到孩子自己提出来想独自睡觉，我都保持着和他们同睡一张床的习惯。

同时，我也有意识地表达出更纯粹、直接的母爱。

孩子小的时候，我会做这样的动作。紧紧抱着，说一句“下亲亲雨（kiss rain）咯”，从额头一路亲到脚底。孩子就算不怎么喜欢，也会咯咻咯咻开心地笑起来。

每天工作完回到家，我一定会把孩子们叫到一起，紧紧拥抱他们，“serotonin [1], serotonin, serotonin”地唱着我自己改换了歌词的歌曲，对他们说“快给妈妈幸福吧”。没错，serotonin 就是幸福的荷尔蒙。和最喜欢的人待在一起，头脑中会分泌出这一物质，是一种可以让人开心的激素。

我觉得，我的儿子们从小就开始明白自己是“妈妈幸福的源泉”。

“只要宝贝在我身边，妈妈就是最幸福的哦。”我从不害羞把这句话说出口。

当然了，像“好喜欢好喜欢”、“I love you”这样的话每天也都挂在嘴边。通电话的时候，最后我一定会和儿子们说“I love you”，而他们肯定会回一句“I love you too”。

由于我们家夫妻俩都要工作，因此得通力配合，努力不让儿子们觉得寂寞。像我的情况，工作时间又长又不规律，能和儿子们在一起的时间很有限。所以能节约的时候，我就尽可能多腾出哪怕一点点空闲。工作之外的时间，全都和儿子们一同度过。

买东西的话，花时间出门去超市购物太浪费，我就利用可以把物品送到家里的消费合作社服务。买衣服的话，等孩子们入睡后通过网购购买。就算是去美容院，也只是剪个头发的程度，连吹头都不弄了。

有了孩子之后，基本上就没再和朋友悠闲地喝过下午茶，或和丈夫出去过过二人世界。说得极端一些，连好好上个厕所、泡个澡、听听自己喜欢的音乐这样的空闲都没有。我如饥似渴地渴望和儿子们待在一起。

能与孩子们一同度过的时间，只是人生一瞬而已。等他们开始去上幼儿园、上学，一天之中只有几小时能待在一起。等变成初中生、高中生，在一起的时间还要少。正因为此，我才认为在身体和大脑急速成长的婴幼儿期，尽可能多分一些时间给孩子是非常重要的。

当然，想要倾注充分的爱，并不光是长时间待在一起就ＯＫ了。如果只有一点点时间，那就提高时间的“浓度”吧。

比如说，因为工作原因，和孩子接触的时间只有一小时甚至短短半小时，也别担心！这段时间里好好开心地和孩子做些肌肤之亲，玩一玩，聊一聊。如果能让孩子从心底感受到“和妈妈在一起最开心！”那么时间或长或短根本不是问题。

孩子们都很敏感，如果你全心全意地和他们交往，作为父母的这份爱意一定能充分传递到孩子那里。

现在，我的大儿子会说“我小的时候，完全不觉得寂寞哦”；二儿子会说“我知道妈妈爸爸为我们努力付出了许多”；三儿子也跟我说“我从来没有怀疑过自己是否被爱着”。

虽然那时候忘我地工作、育儿，身体真的有些吃不消；但另一方面，与孩子们接触交流，对我来说也是消解压力的最佳方式。而且，父母的努力，这份无私的爱，我始终确信一定能让孩子们感受到。

有人说，被爱意环绕成长起来的人，在主动爱人时也不会有丝毫犹豫。我觉得这不仅限于爱“人”。对被爱着长大的人来说，蓝蓝天空、清新空气、太阳、彩虹、星星，还有自己生活的街道也好社会也好，都能在其中感受爱。在自己周围能体会到爱的人，就是幸福多多的人。

人生中多些感动，寂寞的时间也就少了。

人类的强大不单单是力量上。心中存有多少爱意，这个人就能变多坚强。之后就可以百折不挠地克服困难，踏踏实实地走好自己的人生路。

正因为如此我才觉得，不害羞地直接表达爱意很重要，爱的表现方式越夸张越好。

让孩子“在爱中成长”，这在任何时代都是真理。

注 1：（译注）即血清素。提高血清素含量能带来愉悦感和幸福感，带给人更多快乐。

# 5

## 记住，永远以孩子优先

自分より子ども優先

Remember, always "Child First"

站在孩子的角度思考、行动，你会更轻松。

一有孩子，肯定不能像以前那样行事了。有些父母因为生活无法随心所欲，囤积了不少压力，身体也垮了，导致产生育儿忧郁。

育儿这件事，如同每天在经历冒险一样。原本总在睡觉的宝宝，有一天会爬了，开始走路了，会跑了，开始理解你讲的话并且自己开口了。随后，变得能表达自己的意思之后，每天会提出不同的要求。要应对这些要求，需要大量精力。这么一来，大人们当然不能像从前没孩子那样生活。

举个例子吧，孩子出生后，父母第一次遇到宝宝夜里哭泣的状况。我大儿子小时候就有夜哭症。那时的我固执地认为晚上一定要睡觉，再加上白天工作的疲累，一味地纳闷“为什么这孩子不肯好好睡觉呢？”心情糟糕到想哭。

但是冷静思考一下，在肚子里待了十个月之久的小宝宝，怎么可能分得清白天黑夜呢。虽然天色暗了下来，也不是说马上就能睡着的。我这才察觉，“晚上想睡觉的那个人其实是我。也许这孩子根本不困呢。”“那样的话，就配合孩子的作息吧。”于是决定夜里抱着孩子外出。吹一吹外面的空气，唱唱儿歌，大概三十分钟左右就酣然入睡了呢。总算松了口气，回到家把宝宝轻轻放到床上，谁知道竟然又开始哭了。原来，他不想要大人陪着睡，只是想被抱着而已。

所以，我决定再换下思路，“想要睡在宝宝身边的人是我。宝宝一定是想象待在子宫里那样，被妈妈的体温包覆着睡觉。那我抱着他睡不就行了嘛。”但是这样我自己还能睡觉吗?

于是，我又进一步思考下去。

“乘飞机去国外的时候，大家都是坐着睡觉的。我现在正和宝宝去往夏威夷。这里就是飞机机舱……”

这么想着，我坐在了沙发上。抱着孩子，闭上眼睛，脑海里试着想像夏威夷的美丽大海。海潮的味道，波浪拍打的声音……想着想着，我和宝宝一觉睡到了大天亮。

自从开始学会这样转换思维之后，我再也不怕孩子在夜晚哭闹了。不久之后，孩子就懂得了分辨昼夜。而这样的努力，也就只花了短短几周时间而已。

外出的时候，也会发生孩子眼看就要闹腾的状况。

要是在电车里的话，一发现孩子马上要闹别扭的样子，我总是会抱起来在不同车厢间来回走动，或者坐到有窗的最前排车厢里，然后让孩子看看窗外的景色。

乘坐交通工具的时候，大人普遍会想稍微休息一下。但是小孩子长时间待在同一个地方，很快就会不耐烦。因此，我和孩子在一起的时候，通常不会总坐在椅子上，而是抱着孩子一同欣赏美景。孩子高兴了，妈妈自然也很开心。比起在椅子上磨人，这样真是轻松得多。

我时常在大街上看到这样的情景：孩子一边哭着，一边闹别扭喊着要大人抱抱。如果是我的话，一般立马直接抱起来了。完全不在意这样会养成孩子总想抱抱的习惯。

确实，有时候会觉得抱着真重啊。但是想想有些人专门花钱去健身房做举重训练呢，倒不如把这当成运动咯。一石二鸟嘛。孩子开心，我自己也能减肥，一举两得。

可之后等到我又一个孩子出生，带俩孩子出门，说真的，做不到同时抱起两个啊。

我平常会带两个儿子去公园。大儿子在回家路上玩累了，总会缠着我说："抱抱我嘛，我要抱抱。"因为我手上已经抱着二儿子了，同时抱着两个走路根本不可能。这时候，我就会和大儿子商量商量。

"宝宝累了吧，妈妈也是呢。怎么办呀？我们在这儿稍微休息下好吗？"虽然已经快到晚饭时间，不管了，暂且休息一下。

从自动贩卖机买一罐饮料，坐在长椅上大家一起喝；在丸子店买一串丸子，边吃边休息。稍息片刻后，问孩子"能走了吗？跟妈妈一起走吧？"他点点头。然后我会回一句："谢谢啦。妈妈也好像有力气走了哦。"接着就和孩子一起继续走回家。

孩子在路边抽泣，与其为了不让他哭而大声训斥，或孩子到处跑来跑去结果冲出马路，休息一下所花的时间，实在不足挂齿呢。

再举个例子，早上起床后，本想让孩子按时吃完早饭，自己打扫一下，做好准备后一起去公园的。可孩子不听话，早饭都不吃就说想去公园。“宝宝吃完饭再去吧。”不管劝多少次，孩子就知道哭。这样大人也开始渐渐变得烦躁，苦恼“为什么不听我的话呢？”慢慢就会堆积压力。

碰到这种情况，我还是建议大家要转换思维。

“那我们在公园里吃早饭吧！”我会做好三明治和饭团再出门。但同时会告诉孩子“就今天这样哦，特别优待哦。”

在公园里吃早饭，应该会感觉格外美味吧。一日之初从野餐开始，度过一个愉快的时光。通过给孩子做这样的事情，他们会强烈感受到父母的爱，变得更信赖父母。

婴幼儿期，孩子的身体和大脑急速发育。在这短暂期间里，大人要尽可能配合孩子调整生活节奏。如果下决心做到这一点，你会感到非常轻松。别奢望继续过着像以前那样随心所欲的生活了。如果能有这样的心理建设，压力自然就会减少，亲子间的沟通交流也会变得非常深入。而且，孩子的情绪也稳定了，育儿会变得更加有趣。

# 6

# 不斥责，尝试适当表扬

叱らずに適切に褒めて育てる

Instead of scolding, try appreciating

抓住孩子做错事不放，只会助长他们的恶习。

有句话说得好：“让孩子在表扬声中长大”。

但是，这并不是说任何事情都要表扬。重要的是，表扬方法要适当。

另一方面，通过斥责企图改正孩子坏毛病的做法，会出现反效果。“明明骂他多少回了，还是会做同样的事。到底为什么就是不能改正呀。”相信如此烦恼的家长有很多。

实际上，表扬也好斥责也好，都是有诀窍的。

孩子总希望有谁能搭理自己。无论是被表扬还是被批评，都会使孩子认为得到了关注。如果孩子做了好事的时候，周围的人给予表扬，那么他就会不断做好事；然而，如果只在做坏事的时候被大人搭理、被骂的话，在孩子来说也是一种关注，那他就会重复做这件坏事。

我小时候很讨厌洗澡，身上总是脏兮兮的。我母亲一看到我脏得不行，一定会责骂我，让我赶紧去洗澡。明明是被大人骂了，但觉得能和妈妈一起泡澡很开心，所以老是会把自己弄得很脏。

“咦？今天已经洗过脸了？多可爱的小脸呀。”要是妈妈经常抱抱我、表扬表扬我，我觉得我肯定每天都会很积极地洗脸。

但事实是，我妈妈平时很忙，只会在看到我很脏的时候才注意到我。于是自认脏脏的样子就是我的优点，想要妈妈多理理我，平时就让自己脏兮兮的好了。

像这样的例子我再说一个。对于不怎么会整理的孩子，如果只在他每次弄得乱七八糟的时候才批评他"快点给我整理好！"那么孩子潜意识就会认为，弄得乱乱的就有人理我了。被斥责变成了一种快感，也就不会改掉弄乱东西的毛病了。但是，如果在孩子稍微能开始主动整理的时候，表扬他"真乖呀。谢谢你啦。"那么被表扬就会成为一种快感，让孩子想"下次我也自己整理吧"。

也就是说，总是斥责孩子的做法，如果稍不注意，很有可能会助长孩子的坏习惯哦。

相反的，当孩子做了你希望的行为时，如果能给予适当表扬，那么孩子也会不断重复这个行为，继续做一些你希望他做的事情。

我家三儿子四岁左右的时候，还不能自己好好吃饭。总是吃得到处都是，或者一下子把吃的塞得满嘴都是，

有时还会因为不停说话，都忘了要咀嚼了。我想让他矫正这个习惯，最初都是以口头提醒的方式，但他怎么都改不过来。后来意识到："啊，对了，要表扬才行！"从此之后，当孩子慢慢能够利落一点地进食时，我会频繁地表扬他："吃得真好呀。太棒了。"

偶尔我会和孩子说："和妈妈两个人一起，试试看像英国贵族一样优雅地吃东西吧？"然后翘起小指，装装样子，孩子就会大笑起来，模仿我的动作。在这过程中，孩子掌握了餐桌礼仪，等到上了小学，已经不用担心有任何问题了。

只是有一点要注意：表扬的时候，绝对不能说谎。明明写的字根本不好看，却对孩子说"字写得真漂亮啊"，这样孩子无法知道自己的正确评价。这种表扬方式，对孩子没有任何好处。

还不如不断鼓励，直到真心觉得任谁看起来都会觉

得有进步的地步，再尽全力表扬，这样来得更有效果。孩子从中能够产生信任感，会想“这个人在跟我说真话”，然后将这些表扬的话语作为对自己的鼓励，不断成长进步下去。

我最常使用的最棒的表扬话是：“你能做你自己，妈妈真的很感谢。”

这是我发自肺腑说的。每个孩子一定拥有一些优秀之处，让我们给予适当的表扬，拓展这些优点的无限潜能吧。

# 7

# 绝对禁止体罚

体罰は絶対にいけない

Teach by words, not fists

以说服代替体罚。在我家把这叫做“说教”。

无论发生什么事情，绝对不能进行体罚。因为它是最差劲的教育方法。

经常遭受体罚的孩子，会有错误的观点，认为力气大的人才是伟大的。然后在自己碰到不如愿的情况下，也会靠武力解决。

体罚的手段，可能在父母比孩子力气大的时期是有效的吧。但是，等到孩子比你力气大的时候，立场瞬间逆转。

因此，绝对不能给孩子植入“力强者控制弱者”的错误观念。

当我的孩子做了什么不该做的事情，我会一直和他们谈话，直到他们接受、认可为止。在我家，把这称为“说教”。

我家的基本规则，首先就是“不说谎”。

只要说了一次谎，为了掩盖这个谎言就得不断地继续说谎，这样下去只会导致亲子之间、兄弟之间产生嫌隙。因此，我坚持教导孩子“无论做了什么事，绝对不能说谎”，直到嘴巴都讲得发酸。

第一次发现大儿子说谎，是在他上小学低年级的时候。因为之前看他为了汉字测验一直在复习，所以很在意他有没有考好。当我问他“考试成绩下来了吗？”儿子回答我“还没”。后来，偶然我在整理大儿子背包的时候，在书包最底下找到了考卷，纸都已经皱巴巴的了，上面写着七十分。

当我拿着卷子问“为什么要对妈妈说‘还没’呢？”的时候，大儿子解释道，“因为我考得不好……”这句话让我的心像被突然戳了一下。

原来大儿子一直觉得我希望他考出好成绩，而且认为考得不好很难为情……他大概是想只要不让我知道考得不好，我就会认定他是个好孩子。

但是实际上，无论儿子考了几分，我对他的爱都不会改变。不会失望，也不会生气。但这样的心情并没有传达到大儿子那里。

于是我给大儿子一个拥抱，同时问他：“为什么你不相信妈妈对你的爱呢？”

大儿子一开始一副不知所措的表情，似乎完全不明白我在说什么。

接着，我开始了我的“说教”：“妈妈真的很爱你，你知道吗？”

“无论你是怎样的小孩，妈妈都最喜欢了，你完全没有必要隐藏自己。要相信妈妈的爱。为了隐藏一个谎言，就得撒第二个谎。这样下去，妈妈和你的心会越来越远……”我和大儿子聊了很长时间。过程中，抱一抱，哭一哭，还中场休息一下吃点东西、上个洗手间什么的，整整谈了八个小时！

最后，我对孩子说：“把至今为止向妈妈撒过的谎，全部写出来吧。”于是大儿子动起笔，一桩一桩写了下来，写的字可爱极了。“有一次忘记交作业了”，“便当盒落在学校里了”等等，都是些很小的事情，两个人边笑边读。

从此以后，大儿子再也不对我隐瞒任何事了。我觉得他一定是理解了，妈妈的爱不会因为任何事情而改变。也许也是觉得，如果再让我给他说八个小时，就太不好意思了吧。

同样的事情也曾经发生在二儿子和小儿子身上，他们都各自体验过我那“冗长”的说教。虽然过程总是充满笑与泪，但每次都能感觉母子之间的感情变深厚了，互相都有所成长。

如果能好好地和孩子交流，让他们从心底接受，那么这次教导就会一直留在孩子的记忆里，再不会忘却。

体罚或者口头训斥，也许孩子会暂时向你道歉。但是随着时间的推移，大多数情况下还是会重复犯同样的错误。这，就是孩子没有从心底接受你教育的证明。

不管花多少时间，和孩子好好交谈，他肯定会明白的。我始终相信这一点，花足时间并且仔细彻底地与孩子交谈。我坚信，这才是真正的母爱、真正的教育。

# 8

# 不要期望如朋友般的亲子关系

友達みたいな親子関係は望まない

Parents are not peers

对父母毫无敬意、感谢的孩子，是不会受任何人信赖的。

无论和孩子有多要好，我都从不指望亲子关系真的像朋友一样。

父母就是父母，孩子就是孩子。希望孩子对父母怀有敬意。因此，我认为父母就要有父母的样子，展示出认真生活的姿态，送给孩子一个无愧于自己的人生。

当然了，父母并不总是正确的。但希望孩子们知道无论发生什么事，父母始终都在努力做到最好，保护家人；万一有什么突发事件，父母都是值得依靠的，让孩子觉得“爸爸妈妈一定会保护我，给我中肯的意见”。

我就是带着这样的想法，每天都端正自己的姿态过日子。

即便无法成为让孩子崇拜的家长，也至少能让孩子信任、依赖。所以每天我都很努力。

也许正因如此，我们家可以算是对于孩子对父母的态度、礼仪比较严苛的家庭吧。

以说话方式为例，“讨厌！”“吵死了！”如此失礼的话，别说是父母了，只要是比自己年长的人，绝对不可以说。这是我家的规矩。在我们家，伤人的话也是严厉禁止的。

有一次，在机场碰到了这样一件事。在我前面站着一对母女，十几岁的小女孩突然对自己的妈妈说："去死吧。吵死了老太婆。"那位母亲一言不发，而我却惊讶得哑口无言。

然后，我想都没想就对这小女孩说："对妈妈怎么能说这样的话！"虽然母女俩一脸诧异地看着我，但我实在是忍不住。那天晚上，我和儿子们说到这件事，"如果你们对妈妈说出这种话，妈妈立刻咬舌自尽。""不经大脑思考，会伤人的话绝对不能说。"并且再次教导他们，对父母毫无敬意和感谢的孩子，是不会受任何人信赖的。

最近，越来越多的孩子有一个误解，认为父母和自己是对等关系。而且也有越来越多的父母，真到关键时刻，做不到好好管教孩子。对这种"朋友式的亲子关系"，我始终是存有疑问的。特别是当孩子对自己态度恶劣的时候，父母虽然表面装作无所谓，实际上真的会很心痛。

在美国，孩子可以直接喊父母的名字，容易让人觉得这样的亲子关系既坦率又平等。但实际上，父母仍然是拥有严肃权威的一方。

英语语法中也有一种表现这类上下关系的用法。“我妈妈在做〇〇。”如果主语是自己的妈妈，那么一定得说“我妈妈”怎么怎么样。要是说“她”怎么怎么样，不仅语法上被认为是错误的，同时也是一种非常失礼、不可思议的说法。对象是父亲、祖父母也是同理。

世界上任何国家理所当然都是以父母为尊、为重的。对生养自己的父母不知感恩，态度傲慢的孩子，会被认为是个废人。

亲子关系融洽本身没什么问题，但一定不能让孩子产生误会。希望家长们要好好教导孩子对长辈有礼貌，常怀感谢之情。

# 第二章

# 教育的11个目标

## 希望孩子具备这些素质

### 教育が目指す 11 の目標

こんな人間になってほしい

拥有梦想 | 能自我肯定 | 内心从容 | 能发展自我才能 | 懂得“忘我” | 有颗感恩的心 | 不被金钱控制 | 有“出头”的勇气 | 不惧怕失败 | 选择最难走的路 | 懂得报恩 |

# 9

# 拥有梦想

夢を見られる子に

The biggest job for a child is to dream dreams

孩子的工作就是做梦。教育，就是教孩子如何做梦。

我一直对儿子们说：“小孩唯一的工作就是做梦哦。”“希望你们拥有爸爸妈妈想都不敢想的伟大梦想。”父母能够想象得出的梦想，仅限于父母有限的思考范围内。而我希望自己的孩子做一些更远大、更有未来感的，其他任何人都想象不到的梦。

正是因为孩子们拥有梦想，大人为了支持他们，就会变得非常努力。这样一来，也会给社会产生更多活力。相反的，如果孩子们不再做梦，社会将会停滞不前，人类发展的进程也就中止了吧。

教育，是一个教会孩子做梦的过程。告诉孩子世界上有许多可能性，给予他为实现梦想所需要的工具和知识，使他抱有朝着梦想大步迈进的勇气。并且教导他，即便遇到挫折也要有重新站起来的气势，即便达成了目标也要有不耀武扬威的谦虚。这，才是教育。

因此，一直以来我都希望自己的孩子们拥有大梦想，并为其脚踏实地地努力。即使这个梦最后没有百分之百圆满实现，有时也会发现其实已经近在咫尺了。然后继续朝着它努力奔跑。这样的生活态度，毫无疑问会丰富一个人的人生。

我的香港朋友中间，也有人做过通常看起来绝不可能达成的梦。

说起我的这位朋友，她的目标是成为一名赛马骑手。而那个时代，女性是不能当专业骑手的。而且，她在某次练习中不幸堕马受了伤，结果当不上骑手。但她取而代之地从事了培养骑手的工作，将自己的一名学生成功栽培为史上第一位女骑手。可以说我朋友的梦想，最终刷新了赛马的历史。

我还有一位女性朋友，她外表中性化，渴望成为男演员。虽然最终没能实现这个梦，但她通过坚持不懈的努力，成为有名的ＤＪ，拥有众多支持她的粉丝，并且在香港作为首位中性化艺人，在电视台开设了自己的常规节目，风靡一时。

她们都没有百分百实现自己最初的梦。但是，在跨越社会意识和常识的壁垒之后，牢固地站稳脚跟，拥有了属于自己的一席之地。无论梦想多么遥远，看起来多么难以实现，她们都步履不停地追赶着。

也许说出来会被大家笑话，我的梦想，是通过唱歌，为世界和平贡献一分力量。无论是我十七岁来到遥远异乡的日本也好，还是在中国、亚洲各地巡回演唱也好，都是因为我想通过我的歌，成为连接日本与亚洲其他国家友谊的桥梁。同样，作为联合国儿童基金会大使身份到处活动的初衷，亦在于此。当然现实是，我的梦想还在追寻的途中。但我决不轻言放弃。只要不放弃，梦想就能一辈子追求下去。

我希望孩子们拥有一些不受局限、惊为天人的伟大梦想。为人父母者，我是为了他们的这个梦想进行教育，为此而努力的。教育的关键，就是让孩子做梦，并且为了让他们接近这个梦而督促他们努力。

10

# 能自我肯定

自己肯定ができる子に

Having self-esteem is the key to happiness

不要拿孩子和别人比较。别人是别人，自己是自己。

教育最首要的目的——自我肯定。

我在进修儿童心理学和教育学的过程中，发现“自我肯定”是儿童教育中不可或缺的一个关键词。那么，为什么自我肯定如此重要呢?

因为一颗认同自我的内心，恰恰是人格形成的基础。连自己都不喜欢，不可能会喜欢别人。否定自己的孩子，也会否定别人。

那么，怎么做才能使孩子学会自我肯定呢?首先，最重要的是“不和他人比较”。

我的三个儿子，个性各异，每个人身上都有不同的“优点”。大儿子处事认真，正义感强。二儿子有艺术气质，情感丰富。三儿子善于交际，沟通能力强。因此，我就集中精力增强他们各自的优点。“快向你哥哥学习”这样的话，一次都没有说过。

人无完人。有优点，当然也有缺点。父母拿自己孩子和其他兄弟或别的孩子比较，否定这个孩子的真实本我，他就很难能有自我肯定的意识。

我丈夫时常会像念口头禅一样，告诉孩子们：“别人是别人，自己是自己。即便有一百个人和你意见不同，也要堂堂正正地把自认为正确的意见表达出来。”我也总是教导他们，“和别人不同并不是坏事。倒不如说反而是种‘恩赐’呢。”从平时就这样向孩子灌输，他们自然而然会形成“不需要勉强自己迎合别人，做自己就好”的观念。

当然了，社会性规则和集体生活的规矩是必须遵守的。只是如果能保持“不让别人束缚自己的观点和生活方式”、“自由地想像，把自己想说的直接说出来就可以了”、“周围的人也会认可我这个想法”这样的思路，那么孩子就会更有自信，喜欢真实的自己，也会明白自身是有价值的。

像这样学会了自我肯定，就可以不断提高自己的优点；并且连缺点也能一并接受和面对，变得更积极地加以改正。

与此相对，不会自我肯定的孩子，也就不会喜欢上自己，总是处在焦虑的状态中；容易生气，搞不好人际关系，在事情的处理上也无法积极向前看。结果，对学力和成绩都将产生不好的影响。

虽然在家中不作比较，但难免外面的其他人会，并从而伤害到孩子的自尊心。若这样的事发生时，做父母的要帮孩子重新建立自信心。

我的大儿子开始上小学时，有一天回来跟我说："妈妈，我是不是不好看？"我大惊，问他："谁说的？"他说："学校的女孩子……"我把他抱起来说："看看妈妈。妈妈好不好看？"他点着头："妈妈很好看。"我把他放下，拿出我小时候的照片，"你看，妈妈小时候的样子，是不是和你很相似？""哇！真的很相似！""那么，你说自己好不好看？"大儿子大笑了："好看！"我用手摸着他的小脸，看着他的眼睛告诉他："好不好看不是看外表，最重要的是心中美与不美。你的心美丽无比，不但好看，而且是太好看了！以后，同学们都会看得到的。"他点着头，满面笑容地说："明白了，妈妈！"

"不和他人比较"，其实就是认可孩子最真实的模样。不管学习棒不棒，运动能力强不强，都没有关系。因此，"你要是做好了〇〇，妈妈给你奖励哦"这种附加了条件的疼爱方式，也是万万不可的。这会使孩子觉得“如果达不到这个条件，我就毫无价值”，从而致使他们失去自信，并养成没有奖励就不努力的坏习惯。

并不是“做到了就是好孩子”，而是“努力过就是好孩子”。对于孩子来说，最好的奖赏莫过于来自周围的关爱。孩子身上的价值，不会因为他会干什么、不会干什么而有任何改变。

# 11

# 内心从容

心に余裕がある子に

A heart big enough to accommodate others

内心从容的孩子，会为他人着想，重视自己；内心不从容的孩子，会产生嫉妒心、歧视心。

拥有自尊心的孩子，内心也有从容感。

如果内心从容，当身边出现比自己优秀的人时，会由衷地感叹："哇！好厉害，那个小朋友真棒！"成为一个视他人之乐为己乐，乐己乐人的孩子。而且懂得"别人是别人，自己是自己"的道理，即便遇到比自己更优秀的人，也不妒忌，或自惭形秽，在学习、做运动、玩游戏上，可以很坦率地请教别人，"我也想做好这个，教教我吧。"

反过来，自尊心较弱、不会自我肯定的孩子，也就不会肯定他人。

这样的小孩在碰见比自己更优秀的人时，会产生"好羡慕啊"、"怎么老是那家伙"这样的不快感，从而产生嫉妒心理。更极端的情况，甚至会出现类似"那家伙太得意了，我得扯一记后腿"这样的攻击性情绪。

在遇到没自己优秀，比自己弱的小朋友时也是同样的。有自尊心、内心从容的孩子，对他人抱有一颗关怀、宽容的心。因此在看见比自己弱的小朋友时，自然而然就会产生"我要帮助别人"的心理。

但是，如果一个孩子内心没有从容感，多少会有差别对待的想法，比如：“啊，那家伙和我不是一个水平啊。和这种人我可玩不到一起呢。”更严重的，甚至会想“这么弱呀，我来欺负欺负他”，然后欺凌别人，通过围观别人困扰难堪的样子获取自我优越感。

然而，这样的优越感绝不可能持久。所以为了得到同样的快感，可能会继续将欺凌他人的程度升级。一线之差，孩子就会变得无法区分善恶。就算自己在做不好的事，也毫无罪恶感，不会诚恳地道歉，总会找理由推卸责任。每天过着这样的日子，一定不会开心。总是觉得缺少了什么，感到不公平、不满足。像这样不会自我肯定的孩子，就连从平日起累积努力的积极心都不晓得了。

我为了提高儿子们的自尊心，使他们内心富有从容感，总是会告诉他们：“做自己就行了。要相信自己。你的潜力无限大。让我们一起拓展自己的长处吧。”另外，还会对他们说：“要与人为善。想要守护自己，也必须守护他人哦。”

这样的话并没有什么特别。自然得如同呼吸一般，都是我平常在不断重复说的。也许正是因为我的“唠叨”，三个儿子从来不嫉妒别人，不作差别对待，都成为了自信又诚实的孩子。

二儿子读小学五年级那年，发生了这样一件事。

“妈妈，我朋友在学校里一直哭，我就把她带回来了。”他把因为家庭问题回不了家的女同学带回了自己家，还问我“她没地方可去，我们让她在家中住一下吧？”原来这女孩子在学校里也请老师帮过忙，但是被拒绝了，然后又联系不上自己的妈妈。二儿子见她一个人在哭，主动上前搭话。我对儿子的这份温柔很是感动，于是让这女孩子在我家住了两个礼拜左右，直到她家的问题得到解决。看着二儿子安慰女孩的样子，感觉这孩子还真是可靠呢。

要培养能为他人着想、关爱他人，内心富足而从容的孩子，自尊心教育绝对不可缺少。

# 12

## 能发展自我才能

自分の才能を伸ばせる子に

Encourage your child to express and exert

不要浪费孩子潜藏的可能性。

我认为，任何人与生俱来都有擅长之事。那么，为什么有些人能够发展才能，有些人却一辈子连发挥才能的机会都没有呢？其中的差别，在于是否拥有自我肯定能力。

能自我肯定的孩子，会天真单纯地将自己的长处表现出来。这样周围的人容易发现他的才能，于是就有了扩展潜力的机会。想要发现孩子身上的才能和潜力，首先，父母必须仔细观察自己的孩子。而且，重要的是无论孩子做什么都要津津有味地看着。周遭环境如果给予孩子的行为以肯定和鼓励，孩子就会越来越有信心，多多表现自己。通过这样的做法，可以让孩子发展自我个性与才能。

另一方面，失去了自信的孩子，会变得不愿意将自己的长处向外展露。因为他们担心“如果说这句话会不会被人笑啊？”“会不会被拿来和别人比较？”渐渐地，也就忘却了自己的优点，或者干脆放弃了。

孩子身上的隐秘才能，只有通过自己向外界表现出来才会被发现。谁都没有发觉的话，才能和潜力就会消失殆尽。我觉得这非常可惜。

总之我会非常认真地观察我的儿子们。他们对任何事物哪怕表现出一丁点兴趣，我都会积极鼓励。

大儿子第一次表现出对做菜有兴趣是在他三岁的时候。我把他带到厨房里，给他一把小孩专用的小刀，开始教他如何做菜。刚开始的时候，搬一张椅子到洗涤台前，让他站在上头切切蔬菜什么的；等过一段时间，一起做做蛋糕、派、饺子皮啦，洗洗东西啦。只要大儿子说想做什么，我都不怕麻烦让他放手去干。

他还非常喜欢玩假想钓鱼的游戏。把床当做小船一样站在上头，吊着一根线，时常假装自己在钓鱼的样子。“钓到咯，钓到咯。”他喊着。“钓到什么啦？”我问，接着他会回答我“鲷鱼”、“秋刀鱼”、“章鱼”什么的。“那我们怎么吃呀？”我再问，他会说“烤着吃”、“蒸一蒸，放点酱油”，给出许多有趣的答案。“那咱们今晚就做这道菜吧。”我附和道。两个人一起站在厨房里，他还会那样啦这样地不断给我出主意。

只要对孩子某个兴趣加以拓展，他的兴趣点将会越来越广泛。大儿子在五岁左右就几乎读遍了所有的鱼类图鉴书，称得上是一名小小“鱼博士”。后来等到他上小学，我丈夫甚至教会了他怎么杀鱼。

如今，这孩子已变身为连我也甘拜下风的料理爱好者呢。

诸如此类，兴趣也好，运动也罢，无论什么领域都行。反正先让孩子发展自己的兴趣，让他自由地表达自己喜欢的事情。小孩子在做自己喜欢的事情时，是很有活力的。帮助孩子找到自己的爱好、擅长的领域，拓展他的潜力，最终也会有助于学习。

告诉孩子“说说你的想法！”让他积极、自由地表现自己，萃取出他的优点来吧。

# 13

# 懂得“忘我”

“忘我”ができる子に

Learn to forget yourself

切实感到自己的行为对他人有所帮助，就能恢复自我肯定的能力。

大部分孩子通过从父母那里得到的爱，从而拥有自信。但是，由于某些原因，有时候也会导致孩子的自尊心很弱。即便如此，也不要放弃，因为自我肯定能力是可以恢复的。

实际上，我曾经也是个自我肯定能力不足的小孩。

我是家里六个兄弟姐妹中的老四，三姐妹最小的那个，从小就一直被大人拿来和另外的美女姐姐、优等生姐姐作比较。因此，我一直觉得“自己一无是处”，烦恼“自己真是个可怜的小孩”。

而且母亲经常会向周围人道歉，“怀上我家Agnes时正好是家里最穷的时候，可能她身上有哪些不足吧。”每次听她这么说，都会让我深信“自己是个残次品”，于是性格也变得越来越阴郁。

小时候，我就是个全无自信、只剩自卑的小孩。

在我初中一年级时，转机突然降临。当时我刚开始参加义工活动，在活动现场遇到了很多不同背景的孩子们。他们有的身体有残障，有的是难民的孩子，还有些是在女童院或孤儿院里生活的小孩……这些和我同龄的孩子，在我从前无法想象的残酷环境中生活。看着他们，我才意识到自己是在多么优越的条件中长大，顿时明白自己的那些烦恼那么的微不足道。

“我想让他们多少恢复一些欢笑。”抱着这样的想法，我拼命找机会和他们聊天，鼓励他们。非常喜欢唱歌的我，还在学校午餐时间通过唱歌，从同学们那里收集食物给这些孩子们。

之后我慢慢发现，自己变得开朗了，很有行动力，朋友也多了，人很积极。后来还为了义工活动到各地学校去唱歌，成为当时的话题。到十四岁时在香港被发掘，作为歌手出道。对于我来说，终于有一个属于我的优点了。

那么为什么我能够恢复自尊心，变得相信自己了呢？

我想，一定是因为当时的我“忘却了自己”。

我感觉在我面前的这些孩子比我自己的烦恼要重要得多，在忘我地参与义工活动的过程中，忘记了自己的自卑等等负面情绪。因此不再介意他人的目光，变得能够自我表现，将隐藏于内心深处的优点发挥了出来。

所以我会对自己的儿子们说“要尽情把自己内心的能量向外释放”，告诉他们，“比起担心自己，要多考虑周围的人。不仅是指家人、朋友这些亲近的人，而是包括整个社会和世界哦。”

从孩子小时候起，我就和他们一同参与了联合国儿童基金会的街头募捐，在初中时还参与了所在区域举办的义工活动。从他们高中时期开始则利用暑假时间，参加了在柬埔寨、泰国的义工活动。东日本大地震的时候，也到访了受灾地开展一系列活动。

我和三个孩子一同为了他人而忘我地做事，以此收获了内心的从容。

如果您的周围也有自我肯定能力较弱、没有自信的孩子，请让他们暂时忘却自己，找寻一下能够让他们“忘我”的事情吧。比如在家附近捡捡垃圾，主动和在学校受欺负的小孩说说话，帮助行动不便的老人提重物等等，再小的事情也无妨，建议孩子们为了他人主动行动起来。

当切实感受到自己的行为对谁有帮助，自己帮到了谁，对周围确实起到了作用的时候，那么这个孩子就会意识到自己原本就拥有的优秀价值。

这么一来，可以恢复自我肯定能力。恢复了自信，孩子的成长将走向一个光明的未来。

# 14

# 有颗感恩的心

感謝の気持ちを持てる子に

Be thankful for everything

如果没有“托您的福”这样的感恩心，不管多有钱都是个穷人。不管被多少人围绕都是个寂寞的人。

在日语中，有一个词组我非常喜欢：“おかげさまで（托您的福）”。

我时常会和儿子们说，“你从出生到今天，都是托谁的福才能过上这么好的生活呀？”在日本生活很方便，成长路上都没受过什么苦，孩子们会认为现在的美好生活是理所当然的。

但现实是，在如此安逸的生活背后，许多人二十四小时不间断地在工作。道路、水管、电力等基础设施的管理，垃圾回收事务；就连便利商店里的商品也好，也是需要有人去运送的。即便在家里，打扫、洗衣服、做饭等等，全都有人帮忙干，孩子才能安心长大。

在有些发展中国家，有的地方连水管、电力、道路、学校都没有，甚至生了病连个看病的医院也没有。如果是战乱中的国家，保护自己生命的人都没有。父母双亡的小孩，从小做童工干活、乞讨，不然就没饭吃。想想这些，应该就能体会到在日本的生活有多幸福吧。

我经常会和儿子们说起在参加联合国海外视察时遇到的一些孩子们的故事。在苏丹，一个失去父亲后沦为儿童兵的十二岁男孩；被母亲卖掉，从柬埔寨被带到泰国，被迫从事卖淫的十一岁女孩；菲律宾街头流浪儿悲惨的每一天……好好跟孩子们说说这些故事，即便他们年龄尚小，也能了解到这些国外的孩子有多不容易。并且，也能切身感受到自己的幸运。

“如果忘却了感恩、感谢的心，不管多有钱都是个穷人。不管被多少人围绕都是个寂寞的人。”一路以来，我都会和儿子们念叨这句话。而儿子们也很好地吸收理解了，“感谢有饭吃”、“感谢有水”、“感谢有电”、“感谢生命”，抱持一颗“托您的福”的感恩心，成长为不忘对周遭常怀感谢之情的孩子。

也许是因为我的这种教育，他们无论处于多么严峻的状况中，起码不会抱怨。而且也没有太多物欲。

前些日子，我无意中看见从美国回来的三儿子的旧鞋子，对他说“还是买双新的吧”。但是他拒绝了，“完全还能再穿啊。太浪费了，没必要买啦。”像这样的对话经常发生。我这三个儿子，偶尔都被我发现过身上穿的旧衣服、旧鞋子连我都看不过眼，他们却要穿到破得不行了才罢休。这仨孩子对外表完全不介意。“珍惜物品”、“常怀感恩心”、“不要忘记感谢”，这些教诲，似乎已经牢牢印刻在儿子们的头脑中了。

# 15

## 不被金钱控制

お金に支配されない子に

Think about the things money cannot buy

金钱所买不到的爱情、友情、温暖、回忆，能够丰富自己的人生。

说到“给孩子做金钱教育”，一般就是告诉他们金钱的重要性。比如教他们自己做好预算再买东西，或者直接给零花钱自己考虑怎么使用。

而我的话，不是教儿子们用金钱购物，而是从告诉他们金钱买不到的东西开始。

钱虽然很重要，但太依赖金钱会被它控制。许多人都是因为钱，失去了人生中最重要的东西。因此我首先教导儿子们两个道理：“即使没钱，还是会有很多快乐。”“比金钱更重要的东西有很多。”

在我家，基本上不会给孩子自由使用的零花钱，就连送礼物也是一年两次而已。一次是圣诞节圣诞老人送的，剩下的就是孩子过生日时从爸爸妈妈那里得到的礼物。

比起买玩具给孩子，我更愿意教他们一些动手动脑的游戏。从幼儿期开始我就经常和儿子们一起身体力行地玩了不少游戏，如“干瞪眼”啦，“红灯绿灯，停！”啦，面对面站好用手互推对方的“互推相扑”啦；另外还有轮流吟咏俳句的“俳句大会”，比赛谁知道的谚语更多的“谚语马拉松”等等。只要大家聚在一起，随时随地都可以开始玩。

这些游戏强身又健脑，一石二鸟。孩子们玩儿起来永远不会觉得无聊。幼儿园和读小学的时候，大家很喜欢聚在一块儿下下棋、玩玩扑克牌和UNO，总之依然不怎么玩要花钱的游戏。虽说偶尔家人一起会去个主题公园，但一次都没进出过游戏中心。

我的儿子们自然而然地学会了不少不花钱就能玩耍的方法，结果变成了没有什么物欲的孩子。经常在玩具商店看见哭着喊着要大人买玩具的小孩，而这种情况在我家从来没发生过。

儿子们会说，“玩具玩不多久就会烦了，我不要的。”偶尔我要出差，对孩子们说“给你们一人买一点手信吧”，等回家后，他们也会很仔细地挑选，最后只拿很小很便宜的东西。

现金方面，儿子们一年能拿到两次——元旦和春节。都是从爸爸、妈妈和亲戚那里拿到的压岁钱。由于金额不少，我会告诉孩子：“只留下够用的一部分，其他就存起来吧。”然后一部分钱让孩子们自己拿着，剩下的全部帮他们做储蓄。

我们家孩子直到上高中之前，基本上没收到过我们给的零花钱。都是他们要用到钱的时候，例如和朋友出门，给朋友买生日礼物，远足时买手信等等，一次次给的。

最近我也试着询问过孩子，“是不是觉得这样不方便呢？”而他们异口同声地回答：“完全没觉得有什么不自由啊。反正也不是很需要钱，等要用的时候你们也会给的。”我想，他们应该是早早就懂得了“和家人在一起的时光才是最大的奢侈”吧。

金钱所买不到的爱情、友情、温暖、回忆，能够丰富自己的人生。这个道理有没有尽早告诉孩子，他们对于金钱的感受也会大相径庭。

“金钱就是全部，有钱就是万能。”这个世界总给人这样的错觉，但事实绝非如此。不依赖金钱，不被金钱所支配，愉快地生活下去。与这样美好的生活方式直接相关的金钱教育，对于孩子来说是必需的。

# 16

# 有"出头"的勇气

出る杭になる勇気ある子に

Don't be afraid to be different

和大家不一样，其实是一种恩赐。社会需要能够自由表达的人才。

我觉得在日本社会中，有一股这样的风潮，认为“处于平均水平最为妥当”。太过显眼的话会引人侧目，看上去很自满。也许孩子们也会无意识地自我防备起来，认为“乖乖的，不惹眼最好”。

但是，“任何事情都不能打乱日常节奏，看综合能力定胜负”这样的老思想已经过时。今后的时代，寻求的是与众不同的思想。这个世界每天都在期待全新事物的产生，需要的是通过自由想象表达，创造与众不同的新潮流的人才。

想要成为这样的人，关键在于无惧他人目光，释放自己的内心。如果一个人没有自信，无法做到这一点。在学校里做着与别人不一样的事情，即使被欺负、被嘲笑，也能重视自己“个性”的孩子，可以说正是如今这个世界寻求的人才。

许多大学也正在寻找这样的人才。

我始终告诉我的儿子们，“不要勉强和别人一样。”如果他们回来告诉我碰到了觉得有点奇怪的小朋友，我会积极地进行赞扬：“那孩子很好呀。很特别呢。”这样做，是在营造一种让孩子容易显露出“个性”的氛围。

我不希望自己的孩子成为轻易迎合别人，为了让别人喜欢自己，歪曲自己意见而妥协的人。我一直告诉孩子们，“不要变成‘大树底下好乘凉’的人，就算被打击，做个‘出头鸟’也要好得多。”

这句话在他们去美国留学之后，起到了很大作用。美国是一个注重个体意见的国家。无论是同意还是反对别人，不会表达自我见解的人不为他人所信任。仅仅是在迎合他人的话，通常会被认为是个“什么都不会思考的无能者”。

万幸的是，我的儿子们已然成长为不羞于提出自己看法的人。其中最厉害的是大儿子，他常常会有一些独创想法，并且会积极表达出来；二儿子只有在觉得这个话题没意思的时候才会保持沉默，如果是自己关心的话题，他有能力说服到对方认同为止；三儿子最大的武器，是会笑脸盈盈地将自己的意见做简单易懂的说明，他高超的演讲水平在小学时就受到了好评。

虽然三人的态度各不相同，但他们都能抱持各自相异的意见，从不畏惧自己的行为与他们不同。我们家人日常喜爱讨论，经常聊到天明。看着儿子们热心表达自己，不怕意见冲突，认真地互相学习，令我觉得很安慰。

和大家不一样，不单是一种恩赐，也可以说是一个人最大的武器。

# 17

# 不惧怕失败

## 失敗を恐れない子に

Failure is the key to the next big thing

失败绝非坏事。害怕失败而不敢行动，才是最坏的事。

“即使失败了，把它看做走向下一阶段的一个必经步骤就行。任何事自有其用意。”

“只要把‘如何将失败转化为成功的原动力’作为课题就行。”

我都是这样教育儿子们的。

我觉得只要是发生在自己身上的事情，全都自有其意义。成功有成功的理由，失败也有失败的意义。在明白失败意义的那一刻起，也就能明白事情发生的意义所在。

如果能理解其中的意义，之后会有更进一步的飞跃。而如果理解不了或者无视它，即便成功了也将止步不前，一旦失败就再也站不起来了。

失败绝非坏事。害怕失败而不敢行动，才是最不好的。

人们时常会有这样的通病：失去了某样东西，就立马进入防御状态，不敢再挑战新的尝试。但是，安于现状是极其危险的。

满足于现状而停滞不前的人，如果周围其他人都在前进的话，自己等同于在后退。时代一直在向前走，人是需要有所行动的。如果只有你自己止步不前的话，那将会失去所有的东西。太执拗于金钱、物质、名誉、地位，就会恐惧失败变得不再敢于挑战。

所以我一直告诉儿子们“要努力不断向前。为以防万一做好最低限度的准备是需要的，但不必害怕失去其他东西，想做的事情要尽情挑战”，并一路在背后给予他们支持。择校也好，换工作也好，我都支持他们走上自己相信的道路。

事实上，在我三个儿子上的美国高中“撒切尔学校”和老师进行升学讨论时，三个孩子都被老师说过这样的话：“分数还差了一点，可能比较难考进斯坦福大学。有几个科目的考试都没考好嘛……”

听完老师的话，儿子们的干劲非常猛。向自己不擅长科目的老师询问自己的弱项，然后拼命学习，在最后一学期提高了成绩，成功被录取。可以说，正是之前一次考试的失败，点燃了他们挑战的激情。所以说，如果真的听从了升学指导老师的建议，我想我的儿子们也就进不了斯坦福大学了吧。

不主动放弃，“考砸了，只要再努力点学习就好了。”“还有时间，我要把不可能变为可能！”以进攻姿势重新挑战之后，最终战胜了自我。而这，恰恰印证了“失败乃成功之母”。

# 18

# 选择最难走的路

難しい道を選ぶ子に

When in doubt, choose the hardest path

始终保持向上姿态的挑战者精神，是成为世界通用型人才的条件。

“迷茫的时候，选择最难走的那条路。”

这是我父亲留给我的话。我觉得这句话非常有用，也教给了自己的儿子们。

比如，还有作业没做完，但是想看电视的时候，哪样比较难呢？当然是写作业。这么一想就不会迷茫，做完作业再看电视。

又比如，“目标是考上斯坦福，还是其他随便什么大学？”孩子有这个迷惑的时候，因为斯坦福大学更难考，因此选择以斯坦福为目标。

像这样若是选择难走的路，就不得不付出相应更多的努力。但从结果上来看，也能进一步提高自己。

在不知道该不该道歉时，更难的一方是进行道歉，于是选择主动道歉。

“想和别人打招呼但有点不好意思……怎么办才好？”当有这样的不知所措时，也会想起之前那句话，主动打招呼。

“迷茫的时候，选择最难走的那条路。”这句话在人际交往中，也能给予向前迈进一步的勇气。

我家三儿子尤其喜欢这句话，亲身做了实践。挑战考取斯坦福大学，也是他自己决定的。写申请书的日子里，到了深夜也不停笔。我劝他：“剩下的明天再做吧……该睡觉了。”是睡觉还是继续写呢。当然是睡觉比较轻松。但是他回答我：“还剩一点了，让我做完吧。”然后重新回看了好几遍论文不断进行修改。

“写得真好，很完美啊。”即便是我读过后觉得已经可以的文章，他还是会说：“不不，还差一点。”接着继续打磨。过了数天，三儿子把完成的文章拿给我看时，我不觉感泪，因为他的确是改善了很多，没有放弃找寻完美，愿意走最难的路，令我很佩服。

“我就是要选最难走的路。”像这样在自己心中认定了，则无论要吃多少苦都会努力，再无迷惘地前进。

看着儿子们的样子，我十分清楚他们都各自选择了绝非轻松好走的路。

始终保持向上姿态，挑战自我，这是成为世界通用型人才的重要动机。

敢于挑战难事，即使身处恶劣环境也能忍耐，向着成功的目标不断顽强努力。这种精神准备的基础，我想就是源自我父亲的那句教诲：“在做重要抉择时，始终选择最难走的那条路。”

# 19

# 懂得报恩

"恩返しの心"を持つ子に

No one is a nuisance to anyone

人都是互相照应、互相帮助着生活的。

日本家庭教育中有个非常典型的教诲：“不给他人添麻烦”。

但是，我觉得这个教诲如果搞错了一步，就会给孩子带去错误的价值观。所以我认为这句话说得不够充分。所谓“不给他人添麻烦”，意思也就等同于“现在也没有给别人添麻烦”一样。然而实际情况却是，人从出生那天开始，就是在大家互相照应下生存的。

例如，就说呼吸这个动作吧，由于呼出了二氧化碳，所以会导致地球暖化现象更严重。这个世界上，也就不存在“完全不会给任何人添麻烦”的人类。

如果要教导孩子关于添麻烦的问题，本应这么说更好：“人都在互相照应着，在互相谅解的基础上生活着。因此，要对周围的人抱有感谢之情，有所报答。”

话说回来，“添麻烦”到底是什么呢？我想，一般是指“令他人感到不快”、“伤害他人”、“盗取他人物品”、“做犯法的事”，类似这样的事情吧。但是对于孩子来说，可能会理解错“添麻烦”的定义。

比如残障人士、小婴儿以及带婴儿的母亲、老人、无家可归的流浪者等等，他们就需要周围人的理解和支持。像这些社会上的弱势群体，有时会被周围的人另眼相看。这是因为，有些孩子会有误解，觉得“自己很健康，没有给任何人添麻烦，这些人却在给周围人添麻烦”，于是就对别人有差别对待，甚至欺负别人。

再进一步来说，“别人”指的是谁呢？除自己以外其他所有人？家人以外的人？还是除了自己国家之外的人呢？

“别人”这个词，用以区别个人所属群体与其他群体。但是，在推行国际化的今天，全人类正在探寻一条超越人种、性别、宗教和主义主张的共存之路。为了筑建健全人士与残障人士共同生活的包容性社会，“不给他人添麻烦”这句教诲，已然落后于这个时代。

而且这句话还会造成一个问题：当自己碰到困难时会过于在意他人的眼光，而变得无法坦率地向别人寻求帮助。曾经发生过有人因为考虑到“决不能给人添麻烦”、“不想成为社会的负担”而硬撑，明明连吃的都没有，还是不愿接受社会扶助，最后造成悲剧的事件。

因此，我都是这么教育自己儿子的：“人都是互相照应着生活的。并且大家也都在互相帮助，所以一定要对周围的人表达感谢和感恩。”“趁自己还有余力的时候，要多帮助别人。但是，自己遇到困难时，也不要羞于开口向别人求助，不用觉得会麻烦别人。所有人都是彼此彼此哦。”

自己也好，自己的家人也好，学校内外的朋友，日本人、中国人、外国人，健康人或是残疾人，婴儿或是老人，“大家都是生活在地球上的人”，所有人都是重要的存在。所以说，倒不如教导孩子：“这世上不添麻烦的人不存在，大家要互相支持着一同生活。”这才应该是培养出心善孩子的正确方针。

# 第三章

# 想要赋予孩子的15种力量

## 同样有助于学习

子どもに与えたい 15 の力

勉強にも役立つ

脑力 | 阅读理解能力 | 集中力 | 想象力 | 跨国界理解力 | 学习能力 | 健身·强心力 | 判断力 | 提问能力 | 倾听、陈述意见的能力 | 觉察力 | 笑的能力 | 自制力 | 随机应变能力 | 质疑能力 |

20

# 脑力

頭脳力

Watch, listen, touch, and meet

让孩子多看、多听、多接触、多与人见面，增加脑突触（synapse）。

对于幼儿期的孩子，有一点很重要：尽可能让他多多体验，刺激五感神经。因为这一时期，正是快速增加连接脑神经细胞的突触[2]数量的时候。人类的脑细胞数量基本上都一样。但是，连接脑细胞的突触却因人而异。突触数量越多，大脑运转速度越快。因此，想要拓展孩子的潜力，就要尽量增加连接脑细胞的回路。

小孩的大脑，如同一张雪白的画纸。任何事对他们来说都是新鲜的初次经历。一样一样用眼睛看、用耳朵听、用身体接触，大脑得到刺激，产生出新的回路。为此，我想尽可能每天都让孩子尝试不一样的事情，给予不同的刺激。

经常听到大家会说，固定每天的作息时间，使孩子的生活规律一些比较好。但是，如果总在重复相同的活动，恐怕反而会导致大脑发育迟缓。

比如说去公园吧。昨天去的是家附近的公园，那今天就坐个公交车，跑去远点儿的公园。偶尔去去海边啦森林啦，对孩子来说很有必要。

吃东西也是，应当尽量多吃不同种类的食物，尝尝各种各样的味道。并且让孩子多见不一样的人，多听别人说话，也会促进大脑发育。接触到各种物品或动物时的触感、温度和气味等，对大脑的成长来说，也是非常好的体验。通过五感不断向大脑传送信息，这是很重要的。

在教育者之间，有一个共识：到三岁之前多体验，六岁之前能顺利参与社群活动，八岁之前提高 IQ 为青春期做准备。这是因为八岁前是产生脑突触最多的时期，而八岁以后用不上的突触会消失。从那时起，一个人擅长不擅长的，喜欢或讨厌的，就会确定下来。

因此在孩子八岁之前，有必要尽量让他多看、多听、多接触，多与人见面，使脑突触不断复杂化。这样一来，等到八岁之后，慢慢开始要做取舍的时候，选择范围就会广很多，孩子的潜力也就更广了。

当然个体之间也是有差别的，有时候很难依照计划进行。即便如此，我还是很重视儿子们的脑发育阶段，注意尽可能多给予刺激，为他们的成长保驾护航。

孩子们小的时候，可以的话我会带他们一起上班，一有时间就和他们到外面散步、坐电车、到博物馆和动物园，放假时则去郊外帮忙种田、钓鱼、收集昆虫；春天看樱花，夏天到海边，秋天看红叶，冬天堆雪人，等等。

为了培养出好奇心旺盛，做事积极、不胆怯的孩子，幼儿时期的丰富经历不可缺少。就算是为了不埋没孩子的潜力，也要让他们多看、多听、多接触、多与人相处，多见见世面。

注 2：突触（synapse），输出神经信息的神经元与输入神经信息的神经元之间传递信息、相互接触的结构。

# 21

# 阅读理解能力

読解力

Read lots and lots of books

想让孩子喜欢学习，第一步就是让他爱上看书。

日本是世界上绘本图书种类较为丰富的国家。

我在儿子们学会抬头之前，就开始给他们读绘本。也不管他们能不能理解，每次一有时间都会躺下来，翻开书读给他们听。

最初孩子只是眼睛跟着看，不久之后看到同一幅画会笑起来，或者摆出像是催着我赶紧翻页的小表情。会自己坐起来之后，开始想要自己动手翻书了。接着等到会说话的时候，之前读过的绘本，我看他们大部分都能背下来呢。

由于我很早就教他们认识了平假名，三岁左右开始，他们就能自己读绘本了。

我不光读给孩子听，还会对他们说“接下来你来读给妈妈听哦”。让他们自己发出声音读，内容更容易记在脑子里。读完之后，再叫孩子“给爸爸说说这本书讲的是什么吧”。因为如果要解释给别人听，必须透彻理解内容并做简短说明，算是给大脑做了一次体操。小小一册绘本，可以进行许多头脑训练，也能培育学习上必需的阅读理解能力。

从五岁左右起，我几乎已经给孩子读遍了所有的儿童文学书，也经常带他们去图书馆。大儿子很喜欢非虚构作品，尤其爱看伟人传记、自然科学方面的书籍，像《法布尔昆虫记》[3]、《西顿动物记》[4]等，全都读过。

二儿子喜欢幻想文学和虚构作品，《白鲸记》、《汤姆历险记》等，读过不少名著。三儿子什么都喜欢，哥哥们的书也会找来看。

逢星期日，我们一家人会去书店买些喜欢的书，到茶馆里边喝茶边读书。读完后，互相谈谈各自读的书的内容，或者交换着看。

这个习惯从孩子小时候一直延续至今。前些天回国的三儿子对我说："妈妈，《火星任务》读过了吗？我在飞机上读完了，给你吧。"于是把书借给了我。而我则对他说："那你把约翰·基斯咸[5]的新书拿去吧。"然后我也把我读过的书交给了他。

实际上，喜欢阅读文字的孩子，读教科书也不会犯愁。我的儿子们都非常喜欢文字，上小学时只要一拿到教科书，当天就能读完。想让孩子喜欢学习，第一步就是让他爱上看书。

注3：（译注）法国杰出昆虫学家、文学家法布尔（Jean-Henri Fabre, 1823—1915）的主要著作。不仅是一部研究昆虫的科学巨著，也是一部讴歌生命的宏伟诗篇。

注4：（译注）西顿（Ernest Seton Thompson, 1860—1946），世界著名野生动物画家、博物学家、作家，被誉为“动物小说之父”。

注5：（译注）约翰·基斯咸（JohnGrisham, 1955—），美国知名畅销小说作家。

# 22

# 集中力

集中力

Train to concentrate

没有集中力，任何事情都无法高效完成。

无论做什么事，如果没有集中力就不能高效率完成。学习也是同理。

能够集中精神的孩子，可以充分发挥能力专注于课题，短时间完成学习，并取得好成绩。但要是孩子心气散漫、集中力持续时间短，不管做多少事时间也是白白地流过，学习效率变得非常低。

为了提高儿子们的集中力，我会和他们一起做各种游戏。进行一些时间长、需要耐性的活动，集中力将得以提高。

即便有些事情常常觉得可能“小孩子做不了吧”，但如果孩子真的有兴趣，真的喜欢，哪怕尚处在幼儿期，也能进行提高集中力的训练。

我家大儿子对料理有兴趣，三岁左右开始我就差他帮忙拣菜、切菜、称重量或者搅拌食材，让他坚持干些细碎的活儿。

事实上，做菜对于提高集中力来说是非常有效的活动。

烤一烤、炒一炒，设定烤箱温度之类的烹调动作，如果不集中精力，可是会受伤、烫伤的。做错一个步骤就做不出美味的饭菜了，因此就算再麻烦，也必须集中精神坚持到最后。

虽然我觉得自己做料理比较简单和轻松，但还是坚持让大儿子一起陪着。等菜端上来之后，两人一起品尝，觉得好吃的话就好好夸赞他。受到表扬的大儿子很高兴，几乎每天都要站在厨房里的那张小椅子上，凝神认真地来帮我。

同样的，爱好音乐的二儿子，我在他上小学五年级的时候教他吉他和弦，开始一起进行吉他练习。不管他的话，他可以专心弹上三四个小时。慢慢地，还会自己作词作曲并演唱出来。后来把自创歌曲发布在网上，一时成为网络热门话题。可以说，音乐成为了我二儿子人生不可缺少的色彩。

像这样，父母亲自陪着孩子，帮助他将兴趣坚持做下去，那么孩子自然就能提高集中力。一旦脑袋里植入了“集中力开关”，孩子就可以自由调节它的“开”或“关”。“赶快好好学习呀”，哪怕你对孩子说到嘴巴发酸，也不会起到太大作用。然而，一旦让孩子感受过一次集中于兴趣所获得的快感，那么在必要的时候，他就会开启“集中力开关”，专注于要做的事情上了。

除了料理和音乐以外，解谜、乐高、搭积木等游戏也能提高集中力。一起和孩子读读俳句什么的也行。最重要的是“和父母一同参与”。为了使孩子充分集中注意力来学习，平日父母的努力是必需的。

# 23

# 想象力

想像力

Original stories for our sons

给孩子讲讲原创的虚构故事，使他的想象力能够全速运转。

在我们家有个习惯，晚上睡觉前，我经常会讲一些原创的虚构故事给儿子们听。从大儿子两岁左右起，这个习惯已经坚持了十余年。我的自创小故事叫做“企鹅的冒险”，是一个没有结尾的故事。

企鹅妈妈为了找到和自己走散的企鹅宝宝，到世界各地去旅行。随着提到各个国家的文化风俗，故事情节也慢慢铺展开来。企鹅妈妈或是遇到了危险，或是和善良的人们相遇。

我尽量讲得有趣又生动。比如说到企鹅妈妈在印度被耍蛇人抓住，被迫跳蛇舞的场景时，我也会一边跳舞一边讲。看着这一幕的儿子们哈哈大笑。讲到企鹅妈妈来到日本登上富士山，躺在雪地里的情节时，儿子们也听得津津有味。

我丈夫的自创小故事叫做“爱放屁的屁太郎”。有一个大胃王的男人，总喜欢一个人呆呆地吃东西，他只要吃了番薯，就会放出特别大的“屁”。结果，他的屁常常都帮到别人。有盗贼袭击村里人，小朋友被欺负，或者有猛兽出没的时候，千钧一发之际，他就用他的“屁”来击退危险。

爸爸屏住、屏住，发出“嗯嗯……”的声音，孩子们也会屏息期待着。接着伴随着手势“呜哇～”一声，同时做出突然放了“屁”的样子，一下子就让儿子们笑翻在地，真的会笑出眼泪呢。连我也被逗得笑到肚子疼。

为什么要想一些原创故事呢？理由之一，就是想制造一些属于我们自己的回忆。只在我们家才有的故事，这是一种父母爱意的表达吧。另一点理由，是希望通过亲耳听故事，可以扩展孩子的想象力。

即使没有图片和文字，光用耳朵听，人就能充分发挥想象力，在头脑中描绘出这个故事所呈现的世界。一瞬间，脑子里构造出了一个超越现实的世界，人可以在这想象的世界中享受无限的乐趣。一个人可以从零开始创造出一个故事，然后在那个幻想世界里，人们的思想互相影响，产生共鸣，想象的世界更进一步地扩大。我就是想给孩子这样的体验。

即便没有漫画、游戏和绘本，孩子还是有其他玩乐的方法。这对孩子们来说，应该也是种新鲜的发现吧。即便漂流到无人岛上，儿子们也能利用原创的虚构小故事，互相笑闹着度过原本无聊的时间。

是的，就是这样。身边即使没有任何东西，只要驱动想象力，人就可以创造出最开心的时光。想象力丰富的孩子，他的创造力也会提高。想要把孩子培养成能为这个世界提供新创意、新事物的人，全速运转想象力的训练也很必要。

# 24

# 跨国界理解力

国际理解力

Celebrate all the festivals

通过庆祝世界各地的传统节日，使孩子感受不同文化的精彩。

在我们家，大家会尽量一起庆祝各国的传统节日。

日本和中国自不必说，其他还有欧美的节日，一年之中，几乎没有不庆祝节日的月份。元旦、春节、立春（撒豆驱邪）、情人节、女儿节、复活节、儿童节、端午节、母亲节、父亲节、中秋节、万圣节、感恩节、圣诞节等等……

为什么我们会那么注重传统节日呢？因为我想让孩子们多多了解自己国家的文化。同样，也希望他们理解并体验他国的文化。

小时候有过愉快的经历，等到成人之后将成为美好的回忆。有了这些体验，别说是自己国家了，对于其他国家的文化和历史也会抱有好感。

在国际社会中，能够解释清楚自己国家的传统与文化，这是很重要的。如果只是单纯会说英文却无实质内容，也就没有什么意义。

“鲤鱼旗，是祈祷男孩如同越过瀑布的鲤鱼一般健康成长而做的装饰哦。小时候，我父母也为我挂过鲤鱼旗，摆过男孩节人偶呢。”“春节时，我们都会拿到红包呀！”“中秋节时，我们会赏月吃月饼。”

正因为之前有给儿子们庆祝过，他们才能像这样跟别人说明。

再进一步来讲，在和外国人交流的时候，是否对他们国家的传统文化和历史背景有所知晓，对他们的心态是否有共鸣，这是会话的关键。“我也在万圣节的时候变装过，到邻居家去讨糖果。”“感恩节的时候，我家也会烤火鸡吃哦。”仅仅是聊到这些事情，就能活跃谈话气氛。

我的儿子们都会主动调查世界各国节日的意义、传统活动的历史等。

最近因为三个儿子都在美国生活，大多数节日无法和他们一起庆祝。但是他们对每一个庆祝过的节日，至今都很怀念呢。

二〇一五年，他们趁着圣诞节假期回了国。一看到家里布置的圣诞树，个个目不转睛，感叹道：“啊，这就是我当年做的装饰呀。”

“这是和爸爸一起挂上去的吧。”看看以前男孩节的人偶、翻翻合照，儿子们神采奕奕地聊着往事。我想，这就是文化的力量吧，是父母给予孩子的精神财富。

希望儿子们将来结婚成家之后，继续继承日本文化、中国文化乃至欧美国家的文化。

传统节日能使孩子们为自己的国家感到骄傲，培养爱国之心。今后，我也希望他们好好守护下去。

# 25

# 学习能力

学習力

Feel the happiness of learning

学习新事物是为大脑提供盛宴。不断给予孩子有趣而新颖的信息吧。

在儿子们上学之前，我希望他们亲身体验学习的乐趣。首先，我采取的方式是，让他们边玩游戏边记文字。

日语平假名是最容易记的，所以从它开始。在B4大小的纸上，写一个大大的“あ”字，然后在下面画一只小蚂蚁。凑近看能分辨出是蚂蚁，我一边给孩子看，一边这么教：“这个‘あ’就是‘あり（日文中“蚂蚁”的意思）’的‘あ’。”想要知道孩子是否记住了，把这张纸贴在房间中离这儿最远的地方。虽然蚂蚁的图画看不清了，但看得见“あ”。接着要孩子读读看那个字，像做游戏一样测试一下他。

如果孩子读不出来，让他跑过去站到纸的旁边。这样就看得见那只小蚂蚁，一定能答上来。慢慢地，不用特地跑过去看也能答对。五十音的所有平假名，孩子都是用这个方法立刻记住的。

“不是妈妈教你的，是你用自己的身体记住的哟。”表扬孩子，让他有靠自力记住的实在经验，这样儿子们似乎也感到很自豪。我家大儿子、二儿子、三儿子，分别是在三岁、两岁半和两岁学会读所有的平假名。并且，在整个过程中，让孩子无意识地记住了要“靠自己学习”，了解到“学习是件快乐的事”。

自从学会了平假名，儿子们不再硬缠着我说：“妈妈，给我读本书吧！”自己喜欢哪本自己就能读起来，他们看上去可开心了。

那时候，有一个游戏我们经常玩。摊开杂志、报纸然后找文字，比如谁先找到“う”字谁就赢！父母和孩子一起努力找。在兴奋地玩着游戏的过程中，儿子们学会了越来越多的字。片假名、英语字母和汉字，我也用同样的方法教，他们都迅速学会了。

儿子们在学到新东西的那一刻，眼神好似闪耀出了光芒，那个模样至今让我记忆犹新。彷佛脑中有颗灯泡猛地被点亮了一般，他们的表情一下子变得鲜活发亮。学习新事物是给大脑提供的盛宴，给头脑补充的维生素。如果能不断给予孩子有趣、新颖的信息，他们自己就会懂得学习的乐趣所在。

# 26

# 健身·强心力

## 健身·健心力

Teach your child to eat healthily

为防止高糖反应，我从未给孩子喝过甜饮料。

"食育"[6]，与孩子身体、智力和情感的发育有着很深的关系。

我把从母亲那里习得的中国药膳理论，在自己的小家庭中进行实践。首先仔细观察三个儿子的体质，然后给他们吃适合其各自体质的食物。

体质分为热寒（指内火旺或凉性）、实虚（体内堆积过剩或身体虚弱）、燥湿（容易干燥或容易浮肿）三种组合。比如说，我的体质就属于寒、虚、燥。我丈夫是热、实、湿。

在药膳理论中，食用弥补自己体质缺陷的食物是最基本的。

在此不加以赘述，总之我想给儿子们吃一些营养均衡的多品类食材，因此每天都会为他们制作"五色五味"[7]的菜。基本上从不让他们吃冷冻食品或即食食品，只提供新鲜、安全的食材。烤、煮、炒、煎、蒸，还在各种烹调方法上下工夫，菜式也尽量丰富一些。事实上，传统的日本料理，也是基于"五色五味"的理念。所以说，即便不应用中国药膳，只要不依赖即食食品，家庭中吃日本料理就能充分实现"食育"目的。

关键在于少吃西式料理，尽可能给孩子吃亲手做的料理。这一点最为重要。

而且，我从不给儿子们喝任何甜的饮料。糖分高的饮品，会在小朋友体内引起“高糖”反应。短时间内血糖值上升，胰岛素大量分泌，被分解了的糖分使孩子心情愉悦、精力充沛。但是，糖分瞬间就会消失，身体为了寻求接下去的“高亢”状态，又会想要更多糖分。而这，就是导致孩子大量摄取糖分而肥胖的原因。慢慢地，有些孩子的胰岛素分泌变得紊乱，最终患上糖尿病。

我尤其关注的，是“高糖”退去后的“低落”状态。小孩子一旦糖分过高，就会异常活跃，精神无法集中，很难冷静下来。

而相反地，一旦进入“低落”状态，孩子的心情会变得很差，又哭又闹。这样的循环往复，对孩子也好，对大人也好，都会形成一种压力。而且，情绪不稳定的孩子，玩耍和学习方面都会变得散漫随便，与朋友的交往也不顺利。

因此，我从不给儿子们喝甜的饮料。连果汁也尽量不让喝，以吃水果替代。

关于为什么绝对不能喝甜的饮料，在孩子们小时候我就详细给他们解释了个中缘由。他们都很好地予以理解，我不在身边的时候，也绝对不会喝。如今，他们也一直只喝茶和水，自己还会进一步查询关于药膳等健康饮食的知识，找到适合自己体质的健康饮食方法。我母亲经常和我说："你就是你吃的东西，一定要好好思考再进食。"遵循母亲那里受教的传统智慧与科学依据，我从不给孩子喝甜饮品。

注 6：（译注）明治维新时期著名医生和营养家石冢左玄创建了"食育"一词。在日本，其意义不仅在于吃饱、吃好，更是一种健全的饮食生活文化的传承。

注 7：原本是基于中国阴阳五行说的思想。"五色"指"白、黄、赤、青、黑"五种食材颜色。"五味"指"甘、酸、辛、苦、咸"五种味觉。五色五味被认为分别保护着人的五脏，使人始终保持健康。

# 27

# 判断力

判断力

Think with your own head

向孩子提问，让其把握状况、做出抉择，使孩子能够独立思考。

从儿子们很小的时候开始，我就经常向他们抛出问题。

例如买雪糕的时候，会故意问孩子：“选哪个味道好呢？妈妈不知道怎么选呀。”如果他们回答“不知道”，我就接着问：“之前我们选的巧克力是吧？再上一次是草莓味的。今天选哪个呀？”问到这个程度，基本上他们就会提出自己的想法了。

如果孩子回答“那这次选橘子味怎么样？”我就再问：“为什么呀？”然后他们就会说出“因为颜色不一样”、“因为没吃过”等等，小孩子才有的可爱回覆。

接着，我会顺势采纳孩子的意见。“这主意真棒！妈妈也没吃过橘子味的，不错哦！”表现出很喜悦的样子，对孩子的想法予以表扬。

如果孩子亲身感受到自己的意见能帮助别人，为他人所用，那么他们就会明白开动脑筋思考并提出看法是一件好事。

单单只是赞成或反对大人的意见，无法培养孩子独立思考的能力。即使再麻烦，也要在平时多向孩子提问，提供给他们思考的材料，让他们在头脑中组织想法。这一点很重要。在孩子幼年时不断重复这个训练，能让他们养成经常思考的习惯，就会很有自信地提出自己的看法了。

用自己的头脑思考，判断状况，独立做出抉择，最后对结果负责的整个过程，在培养出能够做出正确判断的孩子方面，是一项不可缺少的训练。

大儿子在中考之后，同时考上了几所美国名校。“选哪个学校由你自行考虑，自己选择。”我丈夫把选择权交到了孩子手里。结果，大儿子放弃了排名前三的学校，选择了排行第八的“撒切尔学校”。理由是“这所学校有骑马和野营课程，能让我有更多人生上的学习”。

身为“教育妈妈”的我，听到这番理由不免略感吃惊。其实我还是希望他能进排名第一的学校。但是，我选择尊重大儿子的意见，同意他进入这所学校念书。

之后证明这个决定非常正确。通过照顾马儿、接受骑马训练，在大山大海体验一下严酷的野营生活，大儿子逐渐坚强茁壮地成长起来。而且学习也没有马虎，最后成功考入了斯坦福大学。

如今，大儿子时常充满自信地评价当时的决定："我可不是随便想想的。那时候起，我就确信这所学校很棒，所以才会选择它。"用自己的头脑思考、做出抉择，对结果负责。从孩子小时候起就不断坚持的这个训练，在需要下重大决策时，就会显示其有用之处了。

# 28

# 提问能力

質問をする力

Always ask questions

经常发问的孩子思虑周全，能获得更多知识。

“如果有不明白的，无论是什么都一定要提问哦。”我经常会这么告诉自己的儿子们。学习中碰到不会的当然很正常。但是，明明不会却保持沉默，可就不行了。

说什么“因为不好意思所以没问”，这是最可惜的。因为好不容易才找出自己不明白的地方，却错过了能够知道答案的机会。

但是，学校里也有一些老师，给人感觉他好像没有回答多余提问的闲工夫。碰到类似状况，我会对儿子们说：“这时候就把不理解的问题写下来。之后向其他老师提问，或者问朋友、妈妈，或是自己在网上查哦。”反正就告诉他们一有疑问或不明白的地方，一定要弄到搞懂为止。

不会的问题放任不管，就无法行进到下一步，上课内容也就无法更深入地理解。过不了多久，孩子就会暗示自己“我不擅长这门课”，导致对该课程产生厌恶，引起恶性循环。我希望儿子们尽可能对所有的科目都抱有兴趣，并且快乐地学习。因此，我始终给他们灌输一个观念：要贯彻好提问的精神与习惯。

不管儿子们问我什么，首先我都会对他们说："这个提问问得好！"无论什么提问都绝对不会小瞧，从给予表扬开始，让他们知道提问本身已经是好事。

接下来，和孩子一同探寻答案。有时候也会碰到无法立马回答的情况。

"妈妈，为什么海水是咸的？""为什么人会死？"……

无法给出明确答案的时候，我会认真地对他们说："妈妈也不是很清楚，要不我们一起想想看吧。"

提出问题妈妈会高兴，大人会对提问表现出浓浓兴趣然后进行回答。如果能让孩子获得这样的切实感受，那么他们就会多多提问。

如果孩子向父母提问后，却得到"我很忙，等一下。""这种都不懂吗？"等等回覆，被忽视或者小看，那么孩子也就再也不想主动提问了。

带三个孩子不容易，尤其是每天三餐的准备，但孩子们有疑问时是不会等待的，很多时会在我炒菜时到厨房问我："妈妈，妈妈，为什么〇〇〇？"我心里是想先把菜炒好，但我绝对不会向孩子说"等一下，妈妈很忙”这样的话。所以我会把火关上，先听孩子的疑问，为他们找答案之后才继续炒菜，而且还会再三感谢孩子发问的行为。

经常提出问题的孩子，思虑周全，会成长为能够独立思考的孩子。因此，父母无论再忙，绝对不能认为这是件麻烦事。面对孩子的问题，希望各位始终抱着认真、仔细的态度予以回覆。

# 29

# 倾听、陈述意见的能力

聞く力、意見を述べる力

Let children join in conversations

让孩子加入谈话，培养其倾听、交流的能力。

经常会看到这样的情景：大人们在说话的时候，明明有孩子在，却全然无视，我行我素进行着对话。

也许是因为在日本有一股风潮，认为大人在说话，小孩绝对不能插嘴。但是，如果是我的话，有小孩在场，反而会积极地让孩子加入大人的谈话。这是为了训练孩子“倾听”的能力。

如果孩子觉得周围人的谈话和自己毫无关系，就会把自己的耳朵“关”起来。要是养成了习惯，上课的时候也好，说到重要的事情也好，不爱听的时候，自动就把自己的耳朵“关上”了。

我一直想把儿子培养成对别人的事情抱有兴趣并予以倾听，能够参与谈话的孩子。

因此，从孩子小时候起，只要他们在场，一定会让他们参与大人的谈话。对他们来说比较难懂的话题，尽可能解释得简单易懂，让孩子也能理解。

比如家人在一起看新闻的时候，我会突然问孩子：“对这个你怎么看？”之后，孩子们就会在看新闻的过程中，竖起耳朵仔细听。如果孩子们觉得“被问到自己的意见”了，他们就会努力理解其中的内容。时间长了，比如像有关难民的报道，一听我感叹道“真不容易啊大家”，孩子就会接话“必须给他们派发吃的呀”。当出现战争画面时，孩子也会对着屏幕说“太过分了，别这样啊”之类的话。

即使大家围着一张饭桌，如果爸爸看报纸，妈妈看电视，孩子看漫画、玩游戏，这有什么意思呢。做父亲的，偶尔可说一句“最近工作可真够忙的”，做母亲的，偶尔也可以向孩子“哭诉”抱怨一下“妈妈最近正为这个犯愁呢”。遇到开心事，一同分享欢笑；碰到悲伤事、辛苦事，也都可以和孩子聊聊，与他们同悲伤、共烦恼。不要过度地把孩子仅当做一个孩子来对待，而是作为一个独立的人，让他也参与到大人的谈话中。一直以来我都是这么做的。

在参加同为妈妈的友人聚会时，如果有孩子过来了，我从不会对他说“快去旁边自己玩”，而是会特意询问“我们在聊这些，你有什么看法吗？”有时候孩子嘴里不经意说出的独特想法，会惹得我们哄堂大笑。像这样的事情发生过好几次。

在孩子上小学高年级之后，无论什么话题，他们都可以相对平等地参与到大人的讨论中来。他们会提出小孩特有的自由又有趣味的看法，有时我也会很投入地与他们讨论。

据称，具备倾听能力的孩子，头脑也会变聪明。那么该如何训练呢？第一步，不要光是大人之间进行谈话，让孩子多多参与对话中来。

现在，只要儿子们一回到家，关于政治、经济、宗教的话题，我们有时还会一起议论到第二天早上呢。儿子们的话题丰富又有意思，甚至觉得时间都不够用了。我实在觉得，这可能也是因为小时候开始的训练，终于起到作用了吧。

# 30

# 觉察力

気づく力

Mutual report of daily activities

亲子间互相做"今日汇报"，孩子会变得谨慎注意。

我想，每一位父母都有一个共同的愿望，那就是想要知道孩子一天之中发生了什么事。但是，大多数情况，孩子都不怎么愿意主动提起。为此，我一直坚持先向儿子们汇报自己一天的行动。

比如“今天妈妈去了电视台哦。节目上介绍了好吃的草莓，所以带了几个回来呢。尝尝看吧。”等等，首先自己报告行程。这么一来，儿子们也会将自己一天之中发生的最印象深刻的事，讲给我听。

通过把握孩子一天的动向，了解他是高兴还是寂寞了，同欢喜、共安慰。另外，如果养成了互相汇报行程的习惯，也能提高相互间的信任度。

而且实际上，这种报告的习惯，对孩子的学习也很有帮助。做报告的时候，孩子们会回顾自己的一天。回想起一天之内发生的事情，进行整理后再表达，对以后写报告来说也是一项不错的训练呢。

因为每天都要思考报告所需的素材，这样一来，孩子对周围环境就会变得非常谨慎注意。“今天在一片叶子上发现了小青蛙哦”、“在校园里和打扫的阿姨聊了天”等等，平日生活中容易被忽视的各种小事，被生动地刻印在记忆中，不知不觉培养了“觉察力”。

培育这种感性、感觉，以后写文章的时候，或者要表达自己的时候，都会很有帮助。成为一个肚子里有不少好东西的人，聊的话题也变得丰富又有趣。

如果父母只是单方面问孩子“今天过得怎么样啊？”“发生什么事了吗？”孩子只会回答“没什么”、“一般般啦”之类的话，容易把自己的记忆尘封起来。因此，沟通的秘诀在于父母先开始汇报。

在我们家，绝不会出现“没什么”这样的回答。我肯定能从儿子们嘴里听到当天发生的小轶事。如果想要听别人说自己的事，那么自己首先得开口。这样互相讨论的报告会真心令人愉快，至今我都很怀念。

# 31

# 笑的能力

笑う力

Humor makes life richer and happier

没有幽默感的人，看上去不从容。

在育儿过程中，我希望孩子不要忘了“幽默感”。给予孩子们许许多多的欢笑，让他们切实感受到活着真棒、每天的生活好开心。

儿子们开始懂事后，我就会故意和他们开玩笑。

递给孩子一个苹果，嘴里却说“这根香蕉看上去很好吃哦”，然后孩子一定会订正我：“妈妈你错啦，这是苹果呀。”

嘴上对孩子说“给，吃饭吧”，拿出手的却是乌冬面，然后孩子就会特别当真地指正：“妈妈，你又错啦。”但是没过多久，他就会明白“妈妈原来在开玩笑呀”，接着还会反过来开我的玩笑。

比如有时候孩子把香蕉给我，说：“给，妈妈，这是苹果哦。”母子俩一齐大笑起来。

如此这般，每天的生活中，在和孩子接触时保持一点点幽默感，那么自然而然地，也会培养孩子的幽默精神，“想要说一些有趣事”、“想要逗别人发笑”。

我丈夫也非常擅长说些诙谐的小笑话，经常逗得大家笑呵呵的。

长时间乘车移动的时候，我们家人经常会一起玩接龙游戏。但单纯只是接龙的话太没有意思，一般我们会限定一个主题。例如“只能接漂亮的东西”、“只能接脏脏的东西”、“只能接臭臭的东西”等等，做一些能让孩子们大笑的接龙游戏。我觉得这么做也是锻炼了大脑。

改编一下歌曲啦，用奇怪的声音录个音大家边听边笑啦……“笑”，是我家育儿工作的一大支柱。

晚餐围坐在餐桌前，一定会把电视机给关了，一边享用着美食，大家一起互相报告一天的行程。这个时候，我会把猜谜节目上知道的有趣知识等，手舞足蹈地演示给大家看，幽默地和孩子们交流。

在美国，一个人没有幽默感，通常会被认为内心不从容。某项调查中，向单身女性提问对于结婚对象最期望的特质是什么，回答最多的就是“幽默感”。在美国，比起学历和经济能力，幽默感被视为最重要的个性。无论是美国总统演讲，还是校长致辞，如果其中不加入一些幽默元素，会被大家认为“这人不够从容镇静”。

据我观察，我家三个儿子已经很自然地拥有了幽默感。毫无疑问，他们已经融入到了美国文化中。原本他们性格都挺一本正经的，但现在身上早已种下了不少欢乐的种子，随时为笑做好准备。我想，如今他们一张张笑颜的原点，正是出自于我们家人之间的欢声笑语吧。

# 32

# 自制力

自制する力

No games and manga until high school

孩子上高中之前，是大脑发育活跃的时期，一律不让他们碰依赖性较高的电子游戏和漫画。

儿子们在成为高中生之前，基本上我都禁止他们玩电子游戏和看漫画。

这是因为在大脑发育活跃的时期，我想优先让孩子们多玩一些拓展想象力的游戏、多看一些拓展想象力的书籍，多做一些全身运动。特别是日本的电子游戏，玩起来很刺激又十分有趣，一般只要玩过一次就会“欲罢不能”。因为娱乐性确实很强，孩子们一玩起来就是连续好几小时，有时候甚至像中了毒一样沉迷进去。

在最最关键的大脑发育时期，我不想让孩子过于偏向一种使用大脑的方式。即便不玩电子游戏，现实世界里也有很多有趣好玩的事情。这个道理我经常告诉自己的孩子。

漫画是由绘图和文字组合而成的。只有文字的读本，孩子可以尽情发挥想象，然后在自己的头脑里创造出一个世界。另一方面，虽然漫画是一种很棒的文化，但始终会偏向于绘画具体上的魅力。我个人认为，对于孩子来说，不如书本那样可以作为拓展想象力的训练。

电子游戏和漫画确实有意思。但它们的依赖性强，一旦沉迷其中，很难从虚拟的世界中摆脱出来。

电子游戏中那些刺激场面如果总是无休止地去玩，孩子会变得无法满足于普通生活的节奏。有些孩子如果过于沉浸在漫画世界，对虚拟世界与现实世界的巨大差异会感到很痛苦。

当然了，我不是说谁都会沉迷在里头，但基本上来说，电子游戏和漫画，还是等到孩子上了高中，能在一定程度上控制自我行为后再去玩也不迟。我把这些想法和儿子们反覆沟通协商，最终才决定下禁止令。

“但是，电子游戏和漫画都不让碰，孩子在学校不就跟不上大家的话题了吗？”也有些父母表示出这样的担心。

但是，至少在我家儿子们身上，完全不必要担心这些。即便他们不玩电子游戏、不读漫画，还是交到了不少朋友，也没有受到他人的另眼相看。

倒不如说，比起电子游戏呀漫画之类的，给孩子玩一些更有趣刺激的游戏、读些更有趣味的书，来得比较重要。在我家，经常举家出门玩耍。比如钓鱼、远足或是来个短途小旅行。儿子们还是小学生的时候，没有任何所谓的游戏道具。我会让他们玩些比如在森林里藏硬币探宝啦，猜谜啦，接龙啦，变魔术或者手势游戏等等，亲子间的互动很是欢乐呢。之后从中学开始，就是看书、看书。三个儿子对电视节目都没什么兴趣，总之就是爱看书，爱书爱到可以称得上“书虫”的程度。

# 33

# 随机应变能力

臨機応変力

Do something different everyday

每天过得张弛有度，活化孩子头脑。

经常听到这样的说法：孩子小的时候，要固定时间早睡早起，学习也要固定时间学习比较好。说是这么做才能养成生活习惯和学习习惯。

但是，我从不讲究这个。睡觉时间也好起床时间也好，都看孩子当下的身体状况如何。学习不是说光做完作业就完事的，而是一辈子的事业。我不会对儿子们说“作业和预习、复习都做好了，可以去玩其他的了”，而是告诉他们“学习乃日常之事”。

例如，为什么会下雨呢？在学习关于下雨的原理时，如果室外正好下起了雨，我会让他们放下手头的作业，“快穿上雨衣和长靴去外面吧！”然后带他们到外头去。

接着，听一听雨水打在地面上的声响，在小水塘里跳来跳去，把排水口的落叶弄干净，在公园找找看有没有蜗牛……看似都是不值一提的小事，但孩子体验过一次之后，不知为何，一回到家就对下雨产生了浓厚的兴趣。“就是那个！”好像找到珍宝一样，翻翻世界降雨量地图，看看干旱区域的照片……

不知不觉就到了吃晚饭的时间。作业和预习、复习当然就放在晚饭后完成啦。

但是这时候，比起听写作业或是其他任何事情，在孩子的头脑中，对于下雨的知识和兴趣应该依然十分高涨。我觉得这才叫学习。“这个时间就是用来学习的。之后再玩就可以咯。”这样的话会带给孩子错误的信息。

因此在我们家，孩子坐在书桌前的时间每天都不一样也没有关系。

比如到了傍晚，孩子的朋友突然来我家玩，我会好好招待，让他们尽情玩耍。如果当天正好是我家办“饺子大会”的日子，叫孩子邀请他的朋友一起做饺子吃，共同度过愉快时光。

遵守作业提交时间，这是儿子们的责任。和朋友玩耍，参加家里的活动，虽然每天都有不一样的事情，但做作业和学习的时间，交由孩子自行判断、妥善安排，这是我家的原则。

我始终教导孩子：“晚上作业不能做太晚，也不能偷工减料。不过，学习是为你自己而学的，什么时候进行由你自己负责决定，然后确实执行。这是理所当然的。”

人生中会发生各种各样的事。根据周围的情况，能够随机应变地将自己该做的事情安排好，这样的人不会错失任何好机会，无论遇到怎样的困难都能跨越过去。相反地，无法对应该做的事情临场应变地处理好，这样的人哪怕遭遇再小的变化都会感到困惑，遇到关键时刻就会错失良机。

想要过上日日不同、张弛有度的生活，就得开动自己的脑筋。

如果想要活化孩子的头脑，比起让他们每天过着一尘不变、条条框框的生活，倒不如给予他们每日都有所不同，张弛有度的刺激生活来得更有效吧。

有张有弛、充满新鲜刺激的每一天，能使孩子的大脑更为灵活。他们之所以能够随机应变地组织学习计划，也是基于从小的训练积累起来的。

# 34

# 质疑能力

疑う力

Be skeptical, always look for the truth

内心有质疑，关系着新构思、新发现的产生。

有一说，认为所谓学问，是因为人们产生了质疑才诞生的。

“为什么？”“什么道理？”像这样带着疑问，找寻解答，新的发明和发现从此产生。

对于自己的孩子，我也希望他们拥有质疑的能力。

我会给他们转着地球仪，说：“多亏了伽利略不相信地球是方的，我们才知道原来地球是圆的呢。”而且还会告诉他们教科书上写的不一定都正确，从小播下培养质疑精神的种子。对任何事物都试着进行质疑，新的构思、发现、有趣的主意随之诞生。

在三儿子八岁左右，发生了一件小事。“妈妈，麦茶里放点砂糖和牛奶，喝上去就像咖啡牛奶的味道哟。”孩子突然对我这么说。我半信半疑尝试了一次，结果真的尝出了咖啡牛奶的味儿。然后反馈给儿子：“这主意妈妈可绝对想不到呀。真厉害！这到底是什么原因呢？我们来调查下。”

做了一系列调查之后，虽然具体原因尚不清楚，起码知道了咖啡牛奶和“麦茶＋牛奶＋砂糖”混合的味道非常相似，这在科学上也得到了证明。看，即使是这样的小事也会变成学习机会。对于孩子的要求，首先，就是对任何事情都抱有疑问。因为这会转化为好奇心，从而衍生为兴趣，进一步探求。

另一方面，我经常说，电视报纸上的新闻也不一定都是事实，应该先抱着怀疑的态度。在参与联合国的海外视察等活动，亲自拜访当地之后，时常会发现日本报道中所说的信息和现实状况存在很大差异。

比如，在去莱索托之前，我一直认为 HIV 病毒只是成人的问题。但是，实际去往当地，见到从父母那里传染得病的孩子们、父母因爱滋病双亡的大批孤儿们，才认识到爱滋病也是孩子的问题。于是我明白到，为了救助下一代，必须要有超越以前固有观念的全新架构。

因此，我一直对儿子们说，不能仅仅相信一条信息。无论什么信息都要刨根问底，从多个角度思考，充分知晓实情是非常重要的。

现在这个社会，各种花样的宣传手段层出不穷。这些大量涌入的信息如果只是囫囵吞枣全都相信，那就无法了解真实的世界，会搞错何为真实。

由于主义主张的不同、宗教文化的不同、国家政治体制的不同等造成“事实的不同”。这样的事情经常发生。所以平时我就一直教导孩子不要仅仅相信一条报道，要尽量多整理信息，多角度看待事物。

如今互联网中也充斥着许多错误信息。甚至出现了这样的风潮，部分思想有失偏颇的人们故意将错误的信息流传在网络上，用以攻击特定的国家或一类人。像这种传播仇恨和厌恶感的信息，也务必得防止孩子们“中招”。

让孩子拥有怀疑信息真实性的眼力、质疑能力，也是保护其自身的一种手段。

# 第四章

# 培养好学孩子的9个方法

勉强ができる子にするための 9 つのメソッド

给孩子说明上学的理由 | “上下够不着”最是辛苦 | 
陪孩子做作业，直到上初中为止 | 拓展擅长的，就能提高不擅长的 | 
如何取得好成绩 | 让孩子喜欢上考试和学习 | 英语必须会 | 
以音乐、艺术和运动完善人性 | 熟练运用互联网 |

# 35

# 给孩子说明上学的理由

学校を通う理由を説明する

Why do we need to go to school?

上学校是为了自己，能够有上学的机会是很幸运的。

在儿子们上小学以前，我一定会问他们一个问题："说说看，你为什么要去学校上学呀？"因为上学好像是必然之事，他们都会有点吃惊。而每次问完后，都会被他们反问道"到底为什么要上学呢？"

先让孩子对此抱有疑问，然后父母再认真回答他，这对孩子来说是个非常重要的过程。如果他们能够充分理解上学的意义，就算年龄再小也能怀着大志去上学。

首先，我会和他们说："从前没有学校可上的年代，小朋友是上不了学的哦。"

"以前的小朋友从家人那里学会耕田、捕鱼、打猎的方法，长大成人后也能靠这些技能讨生活。""慢慢有了文字、人类会读书写字之后，掌握各种知识，就能向别人传授了。因为人们互相交换着知识，许多新事物才被发明出来，生活也变得更充实，更方便。"

"现在，要是不会读书写字和算术，每天都无法正常生活了。所以，我们就要去学校里学习这些技能哦。会写自己的名字、住址，会读周围的文字，通过学习来记牢祖先留下来的宝贵知识。"总之像这样多花些时间，给孩子做细致的说明。

我还会说这样的话：“通过学习掌握各种知识，未来就能成为理想中的自己。实际上，这个世界仍然有许多孩子想上学都上不了。所以算是连同他们的份，真的要努力学习，创造出一个更美好的世界。”

大儿子小时候经常提起想做一名厨师。“当厨师的话，买东西的时候必须得算账哦。为了不弄错菜单，还要会认字、称分量。如果去学校的话，这些都能学到，很棒吧？很期待吧。”在他上小学之前，这样的话我也跟他反覆说了好多次。

只要不断重复与孩子谈话，即使他年龄再小，也能很好地理解到，去学校上学是为了自己的未来。想要过上宽裕快乐的生活，自由自在地实现自己的梦想，学习是很重要的。如果孩子从内心深处认同这一点，那么他们上学就会变得很积极。

“因为大家都去，那你去也是理所当然的啊。”“不学习会变笨蛋。”类似消极的话绝对不能对孩子们说。“学习是一件非常积极向上的事情，为了自己的未来必须得去做。能够上学十分幸运，是人生的奖赏。”使孩子理解到这一点很重要。

# 36

## “上下够不着”最是辛苦

中途半端が一番辛い

Doing it halfway is the worst

从最开始就要下决心，把学习“做到底”、“搞清楚”。

怎样才能度过愉快的学校生活呢？

我认为，只有“做”与“不做”两种选择而已。

努力学习的孩子，跟得上课程进度，考试也很拿手。对他们来说，学习本身即是快乐，所以非常喜欢学校。

相反，也有对学习漠不关心，只喜欢和朋友玩耍的孩子。他们就算学习跟不上，也不会放在心上，考试题不会做也不介意。对他们来说，尽情地玩才最开心，虽然学不到东西，但学校生活是愉快的。当然我不希望孩子选这一条路。

那么，哪一方最辛苦呢？

心里头想要学习成绩变好，可不知道怎么做；但又碍于面子和自尊，连问别人都不敢。努力复习考了试，分数却很低，之后变得越发不安、失掉自信。慢慢地，连自己到底哪里不会都搞不清楚，该怎么请教别人也不晓得。如果陷入这种“上下够不着”的状态，孩子就会开始讨厌学习，觉得学校就如同地狱一般。结果，净只是责备、厌恶自己……所以说，“上下够不着”是最辛苦的。

那么，怎么做才能不沦入这样的境地呢?

那就是从最开始就要下决心把学习“做到底”、“搞清楚”。

碰到不懂的，要不耻下问，打破砂锅问到底，直到弄明白为止，此外别无他法。如果孩子不知道该怎么办而很苦恼，父母和周围的人要及时注意到这一情况，然后伸出援手，负责教到最后。这是带孩子脱离苦海的唯一方法。

首先花一个礼拜时间，始终和孩子面对面交流，找出他不懂的地方，试着一起复习。特别是小学阶段的学习，教学内容大多是配合孩子成长程度的基础知识，只要付出努力，应该多少能学到个八九不离十。而且，让孩子体验过一遍学习的快乐，会成为他进一步往下学的原动力。只要让他知道身边围绕着愿意帮助自己的人，以后再碰到不会的问题，孩子就会变得愿意主动寻求帮助。

因此，我经常和儿子们说：“反正学习是非学不可的，一定得学到会为止啊。因为那是最开心的。想要学习好，遇到不会做的问题，要立马向老师、妈妈提问哦。”

即便自己再忙，当儿子们问我关于学习上的问题时，我绝不会说“等一等”、“现在很忙啦”这样的话。即使正好在做饭，也会立即把火关了，对孩子说“要问什么呀？”然后当场回答他。

为了培养出能够快乐学习的孩子，这样每天不断的努力，很有必要。

# 37

# 陪孩子做作业，直到上初中为止

宿題は中学校まで見よう

Checked homework until middle school

比起检查学习成绩，不如和孩子一起享受学习乐趣。

儿子们的作业，在他们上初中以前，我都尽可能陪着他们做。

这也是想检查一下孩子会不会做，但更多的，是出于想和他们一同享受学习乐趣的想法。有时间的话，我会和孩子一起预习第二天要上的课，复习不会做的题目。总之，给孩子留下一个印象："学习一点都不难，是很快乐的。"

例如，由于学汉字只能靠背诵，某种意义上来讲这个过程最最辛苦。正因为此，在汉字考试的前一晚，我一定会给孩子做一次模拟测验，不会的地方反覆多做几次。

尽量保持笑呵呵的轻松状态，有时候边吃着东西，边研究熟记方法。"'羊'长大后会变'美'哦。""把'幸'倒过来还是'幸'。""再添一笔，'辛'苦也会变'幸'福呢。"像这样，创造出了各种各样的背记方法。反正就是想尽办法让孩子快乐学习，不要觉得很辛苦。

在我家，并没有特别指定一个固定场所来写作业和学习。有时候就在孩子的书桌上，有时候就在餐桌上。

偶尔躺地板上也OK。因为学习并没有什么特别之处，何时何地都能进行，我们俨然把它看做是生活的一部分。

除了语文、数学之外，社会、科学、英语课作业我都一定会每天检查一遍。就连我万不得已因工作关系晚上回不了家，也会在酒店以电话、传真的方式和孩子联络，一起帮着想想作业问题。

陪孩子做作业，十分耗费时间，对父母来说确实很麻烦，是一件需要耐心的活动。但是，它也无疑是亲子互动极为亲密的时机。孩子擅长不擅长的科目，看他的作业就一目了然，接着父母就能给出适当的建议。也许是我努力的成果吧，儿子们自从上初中以后，不再需要我监督着写作业了，他们自己就能自觉完成。

成为初中生之后，孩子必须得学会自我管理。作为父母，最好是往后退一步再给予孩子支持。不然的话，没有父母监督，孩子就不愿意学了。

但有一点很重要，就是仍然要对作业内容和报告题目等一定程度地继续关心着，给予孩子鼓励、提出忠告。

即便如此，儿子时不时还是会忘写作业。我会和他说：“作业与分数最直接挂钩。想要考试成绩好，必须得好好学习、拿出实力来；但作业只要做完就行，再简单不过了。这还不做，绝对是损失啊。”我还会说服他：“不交作业，简直就像是自己挑明‘不想要分数’了一样。太可惜了不是吗？”

能好好完成作业，在某种程度上来说，也是一种习惯。

在孩子上小学期间，我希望他们能扎实地养成这种习惯。

# 38

# 拓展擅长的，就能提高不擅长的

得意を伸ばすと不得意も伸びてくる

Excel in things that you are good at, and other things will fall in line

放手让孩子钻研擅长科目，增强学习上的自信。

在学校学习，孩子总会有擅长和不擅长的科目。父母一发现孩子哪门课不擅长了，很容易瞎担心，然后拼命把这不擅长的硬扭成擅长的。

而我却反其道而行。也就是说，首先放手让孩子钻研擅长科目，让他们尽最大可能去提高水平。因为我认为，这么做可以让孩子对学习有自信，不擅长的科目应该多少也能变得会做一些。

大儿子特别喜欢数学。所以我就拜托朋友家正在上大学的儿子作为家庭教师，帮助大儿子尽情地继续钻研数学。于是，大儿子从小学开始就会做初中的数学题，进入高中之后，数学已经成为他最为擅长的科目。结果，像语文那些本来不擅长的科目，大儿子也渐渐有了自信，所有课程的成绩都慢慢上来了。

二儿子擅长英语，从他小时候起，我就有意识地让他用英语写写故事，读各种各样的书。之后，他的英语成绩当然是提高了，连原本不擅长的数学等课程也能跟上了。他还很喜欢音乐，从初中开始就发表了原创歌曲。在作词的时候，特别能发挥作用的是语言能力。因为觉得“要写出好歌词，语言能力是必需的”，二儿子还自发地拜读了许多优秀的文学作品。

三儿子也不知道是什么时候学会的速读，明明谁都没有教过他，却从大概小学三年级开始，竟然一天之内就能读完四百页的长篇小说。原本他就是个擅长阅读的小孩，也许多提供些书给他看，算是投其所好了吧。

他在三年级的时候语出惊人："我长大以后要成为出版社编辑。因为这样就可以第一个读到畅销小说了。"等到上初中以后，开始对表达方面感兴趣，学了计算机绘图和设计之后，数学和科学课的成绩也提高了。

像这样拓展擅长的范围，觉得"自己能行"从而拥有自信，那么孩子在不擅长的领域也会主动学习。

所谓好学生，并不是指所有科目平均分高的孩子。倒不如有一项超群的擅长科目，其他科目也能和大家保持同样水平，这样的状态更有趣呢。而且我个人认为，这样的孩子，未来必成大器。

39

# 如何取得好成绩

いい点数を取るために

How to get good grades

如果想得到一百分，就要拿出一百二十分的力气。

做学问，分数并不是最重要的。但是，想要进入好的大学，好成绩仅仅是最低要求。特别是美国的大学，会参考从初中三年级到高中三年级为止四年间的所有成绩，来决定录取与否。因此，平时保持考试考出好成绩是很有必要的。

为此，首先得让孩子喜欢上考试。不是有句话这么说嘛，“知之者不如好之者，好之者不如乐之者”。喜欢考试，并且能享受其中，那就一定能取得好成绩。我为了让孩子们爱上考试，教给他们以做游戏的感觉在考试中取得好成绩的诀窍。

例如数学之类的考试，需要对内容有所理解，加上平日的练习，而且关键在于解题速度。因此我反覆告诉孩子，总之要快速做完所有题目，然后务必要留出检查的时间。由于粗心大意而失分，最可惜了。

“在考试之前把可能会考到的题练习一遍，正式考试就不会慌慌张张了。沉下心来，以平常心来进行吧。”我会这么告诉孩子，然后一起想想可能会考到的题目，做个模拟测验。数学这个科目黑白分明，只要付出扎实的努力，考出满分一百分也是有可能的。

关于论文答辩的问题，我会告诉孩子们试着这么考虑：“在考试前想象一下，如果自己是老师，会问什么样的问题呢？”让孩子们尝试换位思考，从被出题的一方转换至出题方的角度。想要提出问题，不透彻掌握学习内容的话是做不到的。从老师的角度思考的过程中，儿子们等于又复习了一遍，其间找出学习中最关键的要点。然后自己写下问题，试着进行回答。如果这样做仍然无法很好地回答上来，之后自己再进一步复习下去。

实际上，关于写论文也有一个小诀窍。首先，在正式写论文之前，把关键要点一条条列出来写在答卷上。这么做，即便万一时间不够，到最后没把论文写完，老师也可以评判这些要点条目，应该多少会加点分数。

事实上，我本人就非常喜欢考试。我自己就是运用以上这些方法，至今为止通过了不少考试呢。

而这些技巧，我也以比较有趣的方式传授给了儿子们。

比如说，从几个选项中选出正确答案的答题卡式考试。首先确认一下，如果选错了是否会扣分。接着，题目数量除以考试时间，计算出回答每个问题需要花费的时间。如果时间足够，按顺序一道道解题就行。但如果题目数量很多，时间似乎不够用，而且即使选错也不会扣分的话，那就从答题一开始，所有题目先大致填涂自己认为的正确选项。因为只要这么做，就能提高偶然正确的机率。之后，再一题一题地重新改出正确答案就行。

像这样，多得一分是一分的考试技巧，我也会教给孩子。我会告诉儿子们："面对考试，只要抱着像玩游戏一样的心态就可以了。这么做，考试也会变得乐在其中哦。"

等上到高年级，以提交报告作为形式的考试越来越多，老师的判分标准也变得越发模稜两可。

我经常对儿子们说这样一句话："如果想得到一百分，就要拿出一百二十分的力气。"由于我本人也在大学教书，我在判分的时候，会关注整体的平衡。其中，如果发现某个孩子付出了高出我期待值的努力，当然会给他高分。这么一来，其他孩子的分数相对就会变低。

因此，重要的是，绝对要不惜一切努力做好十二成的工作。这样一来，即便最后没拿到一百分，起码也一定能拿到九十分左右的成绩。如果只花了十成的力气就安心了，也许最后只能取得八十分左右的成绩。这就是现实，所以平常不遗余力地展现出自己十二成的努力，是十分重要的。

# 40

# 让孩子喜欢上考试和学习

テストも勉強も好きにさせる

If you love studying, good grades will follow

喜欢上学习，分数就会跟上来。

“哪里答错了，试着再做一次吧。”儿子们的考试卷拿回来以后，我会特别注意得分低的题目，和孩子们一起不厌其烦地重新做题，直到会做为止。因为我希望他们能带着自信迈向学习的下一阶段。

并且，我还会对他们说：“不能光凭考试分数去衡量自己实力的哦。”“比起老师，妈妈要更了解你。而比起妈妈，你自己应该更了解自己才对。所以要拿出自信来呀。如果有不会的地方，我们一起来复习吧。”然后我会陪着一块儿学。

比起考试分数，我更关心儿子们理解了多少课程内容。分数显示的只是孩子对老师设置的考试问题能正确回答出多少而已。根据不同情况，孩子有时可能会不太理解题意。或者前一天没能好好复习。也许老师的教法本身就难以让学生明白呢。所以分数不高并不表示孩子们没有实力。

只要孩子实际上都理解了课程内容，就没什么问题。理解了，下次上课的内容也一定能学会。如果孩子理解不了课程内容，慢慢地会变得跟不上上课进度，最后甚至讨厌学习。这么一来，当然考不出高分。

曾经从儿子的朋友那里听到这么一说："没考好会被家长骂，所以我害怕考试。"

即便孩子考试成绩差，也绝对不可以责骂他们。要是孩子变得恐惧考试，那就糟糕了。

这么说吧，考试没考好，可能问题不光出在孩子身上。如果班级整体平均分就很低，那也许是老师教学不力。就算只有自家孩子考得不好，也许也只是因为他没有学好当天的课程内容而已吧。

因此，孩子没考好的时候千万不要责骂，倒是应该和他好好沟通，"不明白的地方要是学会了就好了呢。"然后和孩子一起复习直到会做为止，这一点很重要。

要培养不惧怕考试，爱上学习的孩子。首先最重要的，就是在背后给予孩子支持，让他能充分理解上课内容，享受学习的乐趣。

例如，在学习关于鲸鱼的知识时，为了让孩子对鲸鱼感兴趣，可以试着带他调查一下一年的捕鲸量数据，和孩子讨论一下为什么会有反对捕鲸的人；找一找有鲸鱼出镜的动物节目，然后一起观看；收集报纸、杂志上的相关报道，一起读一读。如今在网络上，无论视频还是信息，应该也是随手可得。

像这样，针对一个主题从多角度考虑，尝试接触到各方各面综合的信息。这么一来，孩子的视野开阔了，对于该主题也会真正产生兴趣。

当学校的学习和生活联系到了一起，孩子们应该就能体会学习真正的意义吧。如果对于学习的事物能够感受到个中意味，最后考试也会取得好的分数。想要培养这种“爱好学习”的心态，父母的努力和坚持，必不可缺。

# 41

# 英语必须会

英語は欠かせない

English is a prerequisite to a bright future

学会了英语，孩子的世界一瞬间变得广阔。

英语，是目前世界上使用最广泛的国际语言。互联网信息也都是以英语为主。科学、经济、政治，皆以英语为载体传播于世界各地。就连在日本，最近有不少企业以 TOEIC [8] 成绩和实用英语技能鉴定资格作为入社条件进行招聘。不会英语对就业会产生不利影响，这已然是板上钉钉的事实。近来，各种翻译应用程序相继被开发出来，但要说能自由运用英语的话，还为时尚早。

用英语表达自己的意见，听懂对方说的话；用英语做调查、学习；用英语写报告。今后，想要孩子们活跃于世界舞台，这些都是必会事项。因此，该如何教英语，是极为重要的课题。

在我家，孩子出生不久后，我就开始注意尽量在孩子周围营造一个英语的环境。儿歌选英语的，常常唱给孩子听。平时经常给孩子放英语歌曲的录音带，看英语录像。就连玩具也好，可能相对来说是贵了点，我会买一些外国产的东西，创造出让孩子一边玩耍，一边自然而然就能熟悉英文字母的环境。

在日本，不久之前还存在着一个说法，认为如果太早教孩子外语，会对母语学习产生不好的影响，最好不要这么做。但我并不这样认为。我反而觉得，想要孩子学好语言，越早开始越轻松。

如果孩子只习惯于一种语言，那么在学习第二语言时就需要花费相当大的努力。而且，从八岁左右开始，孩子基本上就有自己的好恶了。喜欢语言的孩子当然就很擅长，但如果是不喜欢语言的孩子呢，不管多努力都学不好。

因此，趁孩子小时候还未出现明显的个人好恶，理所当然地在日常生活中努力营造双语环境，这一点尤为关键。由此，向孩子头脑中自然地灌输英语，不知不觉就能学会了。

我的出身地香港，因为以前是英国殖民地，从两岁起我就是接受英语教育。几乎没有遭遇多少困难，就掌握了接近母语水平的英语技能。话虽如此，母语水平也并没有一塌糊涂。根据我的个人经验，我认为英语的早期教育，应该是今后最应该花力气实施的课题。

在日本的义务教育体系中，从小学五六年级开始才终于推行外语相关活动，但从低年级开始的英语教育仍未起步施行。因此，绝不能仅仅依赖学校教育。在家庭中，从孩子小时候起就要持续提高他的英语能力，这非常重要。

从读英语图画书开始，循序渐进地给孩子读一些儿童文学，看一些面向外国儿童的电影和电视节目，学唱一些歌曲。总之利用一切机会，让孩子接触纯正地道的英语吧。如有条件，带孩子去比较近的国外，让他实际操练起来，也不失为一个好办法。

就算您的孩子已过了幼儿期，现在开始其实也不晚。即使已经过了可以无意识间就学会的最佳时期，只要认真地向孩子传达英语的重要性，让他理解接受下来，就算已经是十几岁的大孩子，也完全可以快速提高英语水平。

其原动力在于，要让孩子切实感受到“英语对现实社会有帮助”、“学会英语原来这么开心”、“通过英语可以在全世界结交朋友”。如果父母不会说英语，也可以参与进来和孩子一起学呢。

反正，就是要在家里营造出无时无刻都能听见英语的环境。例如看电视的时候，如果有可播放两种语言的模式，那就切换至英语。这样即便不明白讲的是什么，也能让耳朵慢慢习惯。还有，听广播的时候也只放英语频道。然后试着多听英文歌。为孩子整合出这样的环境，让他对英语产生兴趣，学习的意愿也随之提升。

教给孩子英语的乐趣和学习的必要性，这是父母一项重要任务。

但光是口头上说“以后会英语很重要，要好好学”，孩子只会倍感压力，说不定反而会让他讨厌英语。因此，倒不如让孩子用英语的方式做自己真正喜欢的事情。

比如，如果孩子喜欢足球，就给他看英文解说的足球比赛，看关于钟爱的足球选手的英语报道；如果孩子喜欢时尚，试着建议他读一读钟爱的模特或品牌的英语信息。像这样不断以英语形式提供给孩子他感兴趣的东西，他在不知不觉中就会喜欢上英语，慢慢地也就学会了。

当然了，如果有条件，直接把孩子送进英语培训班也OK。或者使用市面上销售的教育软件也行。或者利用网上的在线讲座也无妨。总之，希望父母们要尽早创造出让孩子多多接触英语的机会。

学会了英语，孩子们的世界一下子会变得广阔。不仅是中国，整个世界都可成为一展身手的舞台。

掌握了语言能力，即便去到外国也能自信地与人接触交流。活跃的舞台变大了，梦想也变得壮大。为了最大限度拓展孩子的潜力，希望父母能够认真地实施英语教育。

注8："Test of English for International Communication"的英文简称，意为"国际交流英语考试"。

# 42

## 以音乐、艺术和运动完善人性

音楽、アートとスポーツで幅広い人間性を

Participation in arts, music and sports makes an All-rounded person

只会学习，但素养不够，也无法被认同为博学多才之人。

都说教育的目标之一，是培养出“All-rounded person”，指的是多才多艺的全面人才。在欧美国家，只对技术和经济方面感兴趣的人，通常被认为没有什么素养。因此，需要在音乐和艺术方面也有一定的知识和技能。

音乐和艺术，超越了语言和时间，是能让所有人产生共鸣的表达自我的方法。教育家认为，一个人能够感受到无法言喻的东西，也就意味着他拥有深刻的思考能力。

正因为此，大学在选择生源时，非常看重音乐和艺术方面的经验。

关于音乐，随便什么乐器，只要会弹一种就行。倒没必要达到高超的水平，自己能够弹出声音、创造音乐，这本身就是非常好的经验。不仅可以作为手、眼、耳互相配合的训练，也能加快大脑运转速度。孩子体会到从无到有进行创作的乐趣，心绪也跟着变得稳定。

我的三个儿子，都是四岁左右开始学的钢琴。由于没有经常练习，所以弹得也不怎么好。但是，学了的东西绝对不会是无用的。之后，他们会看乐谱，算是掌握了弹奏其他乐器的基础技能。大儿子另外学了萨克斯，二儿子则是小提琴。三个人还都会弹吉他，虽然风格各有不同。

艺术方面，我并没有特别培养。儿子们非常喜欢小学的美术老师，所以经常画画。我自己也很喜欢画画，会和孩子互相看看对方的画作，聊聊各自的感想。想要提高创造力，观看别人的作品也很重要。因此，只要能抽出哪怕一点点时间，我就会带孩子们去美术馆参观。

受喜爱的美术老师的影响，儿子们对陶艺也产生了浓厚兴趣。他们在课上体验了陶器制作，从此“一发不可收拾”，在老师的指导之下，制作了超过二十个作品。孩子们小时候做的陶器、画的画作，至今都是我的宝贝。

我的三个儿子，都没有特别突出的运动才能。即使如此，在他们小学时期，除了在学校上体育课以外，我还让大儿子加入了所在地区的少年棒球队，二儿子则进入足球队。算是为了锻炼身体也好，培养团队精神也好，运动都是培养身心方面最好的活动。

首先，要让孩子尽情活动开身体，发散精力，提升体力。再来，因为是团队运动，需要和队员们融洽地切磋磨合，有时候还能培养以集体优先考虑的质量。

上进心、忍耐力、领导力等等，都可以通过运动学到。果然还是得趁孩子年龄小，帮他找到自己中意的某项运动，然后给予支持鼓励。

在日本，一旦撞上考试时间，社团活动和运动一般都会被置之不顾。但是，在斯坦福这样的大学，对艺术和运动成绩的考量程度，是日本的大学无法匹比的。想要培养出各方面能力均衡、全面发展的孩子，艺术和运动方面也要好好予以重视。

43

# 熟练运用互联网

インターネットを上手に使う

Teach your children to be net-savvy

告诉孩子，互联网有着便利和危险的两面性。

如今，互联网俨然已经成为生活的一部分，父母一定要教会孩子如何熟练运用互联网。在英语中，有个词叫做“net-savvy”，指的就是熟练利用网络的意思。

从互联网可以免费获取世界各地搜集来的信息，是非常方便的工具，拓展了人类的潜力。

但是另一方面，网络上良莠不齐的信息泛滥，有很多不适合孩子的内容，事实抑或谣言的分辨也很困难，因此父母的指导必不可少。被错误信息所骗，交了不好的朋友，或是沉迷于什么事情，甚至被卷入了犯罪一类的事件，那可就晚了。

最近，小学生有手机已经不算新鲜事。因为孩子大多通过手机浏览互联网，所以父母得从交给孩子手机开始，就要商量好如何使用。这一点很关键。

用互联网的社交媒体和朋友取得联络，无可厚非。但是在这过程中，也有可能出现欺凌的情况，或者因为和陌生人成为朋友导致被卷入意外事件。必须告诫孩子，日常生活中也潜藏着这些危险。

另外，信息一旦在网络上扩散就很难消除，所以也必须告诉孩子务必注意保护好隐私。

相反地，由于可以匿名在互联网上发布信息，揭人所短的人层出不穷，要是孩子也沦为其中一员那就太令人失望了。同样，也要避免成为这些人的攻击目标。因此，我一直这么教导孩子："即使可以匿名，也绝不能做出伤害别人权利的事情。自由表达意见可以，但要做一些积极的有建设性的发言。要明智地处理好与网络的关系。"

儿子们进入西町国际学校之后，立即被派发了计算机，关于计算机的基本原理和构造，他们从小学时代开始就学习了。当然，使用互联网时的注意事项老师也有教，也学到了例如"写报告的时候，不能照抄别人的论文和意见"等规则。

最近也发生了不少通过"复制粘贴"抄袭论文和作品而产生问题的事件。

"抱着不会被人发现的心理，随随便便使用别人的文章和作品，甚至会违法。"像这些事情，父母也要承担起教导孩子的责任。

互联网的浏览记录只要一查就能查到。如同住在一个透明玻璃房里似的，二十四小时所有行动都有可能被人全盘掌控着。

或许校方会予以否认吧，但事实是，有些大学会监控孩子们在互联网上发布的内容、在脸书上的关系网等信息。由于确实某些大学会根据孩子日常的说话口吻、交友关系、发布内容等作为参考，来决定是否录取，因此在上网过程中必须倍加小心。

如今世界正如火如荼迈入全新的时代，父母也要尽快学习新事物的优势和危险之处，从而更好地教育孩子。可能会有些辛苦吧，还是希望大家都能成为网络专家啊。

# 第五章

# 应对青春期孩子的6个提示

青春期の子どもとうまく付き合う6つのヒント

使孩子理解荷尔蒙的构造 | 确认自我身份 | 无差别歧视之心 | 恋爱是重要的人生经验 | 共同讨论人生哲学难题 | 吵架后，始终要直面交流 |

# 44

# 使孩子理解荷尔蒙的构造

ホルモンの仕組みを理解させる

It's all because of hormones

焦躁不耐烦，并不是自己的错，也跟父母和社会无关，全是因为荷尔蒙。

孩子进入青春期（十一至十八岁左右），身体成长加速，由小孩变成少男少女，很多时会有反抗父母意见的场面。有人指出这是成长中的“叛逆期”，其实这一段成长期是十分重要的关键，因为孩子要学习自制和了解身体的改变，否则家庭内可或会产生不和，对学业也有影响。

儿子们九岁左右起，我就开始为他们的青春期做好了准备。首先教的是荷尔蒙的构造。

我这么告诉孩子，“到了青春期，男孩要成长为男人，女孩要成长为女人，因此身体都会发生变化哦。而造成这些变化的源头就是‘成长荷尔蒙’，以及影响女性化、男性化的‘女性荷尔蒙’、‘男性荷尔蒙’。荷尔蒙会在体内大量产生，一旦身体里开始出现荷尔蒙，人的情绪偶尔会很焦躁、生气，或者失眠、想哭，或者笑得停不下来，还会赖床哦。看吧，荷尔蒙就是这么厉害。有时甚至控制不了自己的情绪。所以，等到了青春期，突然变得焦躁易怒，也不能怪任何人哦。不是自己的错，不是妈妈的错，也不能怪到朋友和社会的头上。全是因为荷尔蒙的关系哦。”

接着再鼓励孩子，“但是，荷尔蒙在一天之中也会有波动。等冷静下来，就能回复到平时的状态。因此，觉得开始有些急躁的时候，不要慌张，平心静气地度过吧。”

这段时期，我还会给孩子们看些描述男女身体变化的插图等，开始简单的性教育。同时告诉他们：“人类就是像这样，在这个世界上生存下来，繁衍子孙的。只要度过青春期，将会迎来人生最快乐的时光。到时候身体充满活力，会喜欢上别人，实现梦想，最最开心的日子在前方向你招手。所以说，一定要努力哦。”

多亏了当初的这些荷尔蒙教育，我家三个儿子身上都没有出现过所谓的叛逆期。

有时候也会发生哥哥不耐烦地冲弟弟大声呵斥的情况。但等心情平复下来，哥哥会好好向弟弟道歉。我也会打个圆场，逗逗两兄弟：“不是哥哥的错啦，都怪荷尔蒙这家伙。”

人在青春期比较敏感。这时候，如果不了解自己情绪不稳定的原因，孩子就会在其他地方找寻焦躁的来源——“真是恼火啊！肯定是因为那家伙看了我一眼！”“肯定是爸妈的错。”“一定是老师的错。”诸如此类的。如果父母一方也没有彻底了解荷尔蒙的构造，就会想自己的孩子“是不是到叛逆期了？”然后只晓得小心翼翼尽量不惹孩子生气，结果导致亲子关系逐渐淡薄。

“出现焦躁情绪，是每个人都会经历的自然现象呀。”“不要担心，过了这段时期，就会恢复原样的。不对不对，应该说，会变得更加优秀呢。”如果早些告诉孩子，那么他们就能及早冷静下来，度过青春期这一困难阶段。

青春期，同时也是要在学业上发力的时候。在这期间，是否能理解荷尔蒙的构造，对于能否集中注意力在学习上也有很大影响。

希望大家在孩子进入青春期之前，务必教给他们荷尔蒙的原理构造。

# 45

## 确认自我身份

アイデンティティー確認

Find you identity and you will not be lost

只要能认同自我身份，
就不会迷失自己。

我在孩子们出生之前，就一直在关注“自我身份认同教育”。

所谓identity（自我身份认同），就是能够回答“我是谁？”“我为什么在这里？”“今后该去哪里？”这三个问题。如果能回答上来，人就不会迷失人生方向，径直在自己的道路上前行。

我甚至想到，即便生产的时候自己不幸离世，也都要给孩子留下这三个疑问。那么，我该怎么办呢？思量许久之后，我对孩子的出生地做出了选择。

我们一家住在日本。由于我丈夫是日本人，一般来说会在日本生孩子。但是，我却没有选在日本生产。大儿子是在加拿大出生的，二儿子在美国，三儿子在香港。三个孩子分别在不同地方出生，是有我自己的理由的。

等他们长大成人，会问为什么自己是在这个国家出生。我想让他们思考其中缘由。

自己的身体里流淌着日本和香港两种血液，这是怎么回事？我是日本人？香港人？还是中国人？加拿大人？美国人？是地球人吗？希望他们有各种各样的疑惑、烦恼之后，找到自己的身份认同。

这些考虑，也反映在了孩子的名字里。

和丈夫商量了一下，决定在给孩子取名时融入一些寄意。“和平”、“升平”、“协平”，三个儿子名字里都有一个同样的“平”字。希望他们每次写自己名字时，都能联想到“和平”。

“和平”，中文大家都知道是什么意思。“升平”意指太阳升起之处皆为和平之地。“协平”意指三兄弟合力维护和平。

我们结婚的时候也好，包括如今也是，中日关系都不能算是很理想。正因为此，我觉得孩子们有必要思考和平的意义。他们身体里流淌着两个民族，中国、日本两股血脉。两边都有亲戚，自己渴望的是什么呢？应该采取什么样的立场？我希望孩子们费心思量一下。

大儿子给斯坦福大学递交申请书的时候，最关键的论文题目，选的就是“自我身份认同”。某天，我们一家聚在一起观看电视上的足球比赛，看到中国队的支持者给日本队喝倒彩。儿子们眼见这一幕很生气，开始嘘中国队。当时我说了一句："可你们必须站在中立的立场。毕竟你们一半是中国人啊。"听罢，儿子们回答："可是中国球迷做得不应该啊。"和我争论了起来。

于是我问他们，"你们是不是对自己一半是中国人的身份感到很羞耻？"这个问题遭到了儿子们的强烈反抗："绝对没有这种想法。我们一直很重视妈妈这边的血脉。"说完，竟然哭了出来。

大儿子把这件事写进了论文里，他总结道："我对国籍、民族没有任何偏好。只是想作为一个人，来思考什么才是正确的。"

读完这篇论文，我哭了。

大儿子虽然为此有过烦恼，但他确实得以确认了自我身份。

处于青春期的孩子，会开始疑惑"自己是什么人？自己想要干什么？想要实现自己想做的事，该怎么做？"这段时期，也是正要找寻自我的时候："我到底是谁？""怎么做才好？"

“寻找自我”绝非易事。处在国家和社会中间，自己到底起什么作用？自我价值又是什么？为了找到答案，可能需要花很长的时间。

但是，苦苦思寻后，如果能够认识到自己不是其他任何人、自己就是自己，这样的孩子在学习、升学方面的疑虑也会烟消云散。

确立了自我身份的孩子，每天的生活都能感觉到意义，能够带着目标度过人生。希望父母们在这一时期陪伴孩子，问问他：“你是谁？”“你为什么在这里？”“接下来想干什么？”并且与之共烦恼、同思考，助孩子一臂之力，让他们能够发现自身的存在意义、认同自我吧。

二儿子和三儿子，关于自己的国籍和身体里流淌着的两种血脉，似乎也思考了许多，而且也透彻理解了自己的立场。

确立了自我身份的儿子们，相信已经不会再轻易迷失自己了吧。

可是，有这样一个说法，说人一生中会迎来三次自我身份认同的危机。第一次是青春期。第二次是就业、结婚的时候。第三次，是当孩子离家自立，自己终于退休的时候。

总有一天，儿子们也会迎来剩下两次的身份认同危机。不管有过多少困惑，我都希望他们最终能找回已经接受、认可过的自己。

# 46

# 无差别歧视之心

差別しない心

Embrace differences and enjoy diversity

希望孩子认可不同，欣赏多样性。

斯坦福大学教育学系的博士课程里，有一门必修课，是关于思考道德伦理的课程。这门课的目的，在于告诉学生不能以差别待人，要接受多样性。我当然也上了这门课。某日，教授在课上说："现在开始召开一个模拟讨论会。请大家指出认为有问题的地方。"

在观看讨论的过程中，我完全找不到任何觉得有问题的部分。所以教授问到我的时候，也只能回答"不知道"。但是，其他学生却能立刻指出问题点。

"只有黑人的发言者，发言时间是短的。说话过程中还被打断。"

这么说来，确实如此。可能是因为长时间待在单一民族的日本，我对差别歧视的感觉已经变得迟钝了。

"一个人如果意识不到这样的差别歧视，那么就算自己歧视了别人也不会自觉。"听教授说完，我着实吓了一大跳。

因为有过这次经历，我从儿子们小时候开始就一直告诉他们，这个世界上有着不同的国家、民族、宗教、主义主张。还教导他们，即便发现别人和自己不一样，这份差别是种恩惠，不必感到恐惧。

在我留学期间，我把大儿子寄放在大学的托儿所里。这个地方的小孩，大都是来自世界各国的研究生们的孩子。儿子一交到新朋友，我都会忍不住问“是哪个国家的呀？”后来有一天，儿子突然对我说：“哪个国家都没有关系吧？妈妈，更应该看重的是‘什么样的孩子’吧。”被儿子这么一“教训”，顿时一惊。

成年人的固有观念非常强，不管怎样都无法跳出既定的框框。但是，孩子们的头脑比较灵活，能够坦率地接受全新的人事物。

现在，儿子们都是发自内心地欣赏着周围的多样性。在他们的朋友中，有来自不同国家，不同人种，信仰不同宗教的人。

“妈妈，今天这个朋友是素食者，所以不吃肉的哦。”“我那朋友因为宗教信仰的关系，不吃猪肉。”等等，儿子的朋友圈真的是各式各样。有时候，还会悄悄地告诉我些小秘密，比如：“她的恋人也是女孩子哦。”

我们不应该害怕差异。相反地，如果能够欣赏这些不同，朋友圈一下子就能扩大。现在，儿子们在世界各地都有朋友，非常开心。

最近，因民族、宗教、主义主张的差异所引发的争端、恐怖主义事件层见叠出，实在让人不忍卒睹。

如果大家互相认同彼此的差异，就能相互理解，趋于和平。

只有欣赏差异性，世界才会更开阔。

想要打造一个无差别对待的和平世界，今后就要更多地接受多样性，并且能够享受各自的不同。我认为这一点非常重要。

# 47

# 恋爱是重要的人生经验

恋愛は大切な人生経験

Falling in love is part of life's education

喜欢别人乃自然之事，要教会孩子爱护自己和他人。

适龄男女喜欢上异性，真是件再自然不过的事情了。对于健康的男女交往，我从不反对。如果否定恋爱和异性交往，孩子会害怕恋爱，难以建立起健全的男女关系。

为此，根据孩子的年龄段进行性教育就变得尤为重要。也许在日本，一般不会这么做吧。性教育不应该只扔给学校去教，在家庭中也必须进行。

只是为了满足欲望的男女关系，对双方都是一种糟蹋。有时候，还会陷入无法挽回的糟糕境地。

一般在十二三岁左右，女孩子会经历初潮，男孩子初次遗精。从此有了性别意识，开始对异性产生好感。因此，在儿子们上初中以前，我就开始告诉他们："喜欢上异性是很正常的。和最爱的人结婚，孕育新生命，真是很美好的事情。"

从孩子初中开始，我还会向他们传授健康、安全的性知识："性能够孕育生命，既神秘又美妙。只要互相爱着对方，这是非常自然的行为哦。"我们家都是男孩子，所以我还经常叮嘱他们，珍惜对方女孩子也很重要。

虽然初中生还只是孩子，但男生已经成熟到可以让女性怀孕，所以我也将这份责任的重大传达给儿子们。并对他们说，“只要没做好成为爸爸、妈妈的心理准备，我不赞成你们随便发生性行为。”

现代社会，关于性方面的信息泛滥成灾。在孩子们尚未被错误的价值观浸染之前，创造出一个可以和父母坦诚交流关于性话题的氛围，这一点很要紧。

虽然也有人认为学生只管学习就行，恋爱什么的太浪费时间，但我一直告诉孩子们，爱着他人的喜悦是自然常事，所以不需要恐惧，也不需要逃避。

当然了，恋爱嘛，有开花结果之时，也有可能被甩。但是，这种经历也是社会学习，是使人的内心变坚强的过程。

我家儿子，似乎从初中开始都有了各自喜欢的人。但那时候，他们都没有主动介绍给我。从高中开始，三人都去美国留学了，我在日本为他们送行的时候，一定会笑着叮嘱道：“No Drinking, No Drugs, No Baby!（不要喝酒，不要嗑药，不能让女孩子怀孕）”

三个人在高中都有了认真交往的女朋友，这些女孩子也来过日本。有了女朋友之后，不仅学业没有荒废，我看他们还互相激励着学习，反倒让自己的学生生活过得很充实，变得更开心了。

不想让恋爱成为孩子学习的绊脚石，那就不要禁止谈论性。在合适的时机聊聊恋爱、谈谈性，是很有必要的。而且最最重要的，要教会孩子爱护对方。

48

# 共同讨论人生哲学难题

人生の哲学の難題を語り合う

Don't dodge the difficult philosophical questions

与父母一同烦恼，一起聊聊人生的奥秘。这对青春期的孩子很有必要。

十几岁的时候，也是撞上哲学难题的一个时期。

“为什么我会出生？”“人为什么会死？”“世上有没有神明？”为了寻求这些问题的答案，有时候会让年轻人痛苦、烦恼不已。

这段时期，我会刻意让孩子读一些比较难的哲学书。

《苏菲的世界》（*Sophie's World*），儿子们都非常喜欢。另外，我还让他们读了J·D·赛林格（Salinger）的《弗兰妮与祖伊》（*Franny and Zooey*）。

《苏菲的世界》是一本哲学入门书，以读小说的形式，能学习到许多哲学家的思想。《弗兰妮与祖伊》，我自己青春期的时候也拜读过，解决了我人生的难题。

虽然我信奉天主教，但在进入青春期以后，也曾经有过一段时间对于“是否真的存在神”而感到困惑。在《弗兰妮与祖伊》一书中，主人公也有相同的烦恼。主角的哥哥是名天才儿童，经常参加广播节目录制。这个哥哥总是会把皮鞋擦得发亮。于是主人公问：“谁都看不到啊，为什么要擦鞋呢？”哥哥一听，回答道：“是为了坐在那里的胖女士呀。”

这一段情节融入了一个信息，那就是“神无处不在”。我非常喜欢这一部分，让我开始觉得，也许神明是在遥远彼岸的天边，但所有的人都可以是神。

我不知道儿子们读完赛林格的作品，是否会读出和我相同的理解。但是，大儿子和二儿子在上高中之后，都选择了宗教作为自由毕业论文的题目进行学习。

虽然最后他们都没有信仰某一个特定宗教，但关于生与死，关于生于人世，似乎各自都形成了自己独到的观点。

实际上，关于是否存在超越人智的巨大力量，父母也好老师也好，也有许多说不清道不明的地方。带着这样的谜团成长、生活下去，是人生中的一个大课题。开始出现如此重大的烦恼，说明孩子的青春期到了。

这时候，父母有必要给孩子树立起一块扎实的路标，成为他们思考的头绪。可以是一本哲学书，也可以是历史上某位人物或思想家说的一段话。总之，和孩子一起思考、烦恼，就算只是告诉他们“正是因为有不明白的事物存在，人生才有趣啊。”也能稳定他们的心绪。

一起思考、烦恼，一同走过人生的不可思议。不要因为晦涩艰难就敬而远之，共同探寻事物的真理和原初。我认为，青春期教育中，哲学方面的引导也很重要。

# 49

## 吵架后，始终要直面交流

喧嘩になったときは、とことん向き合う

Know how to show you care

亲子关系有了隔阂，请用行动表达对孩子的爱。

父母即使自认为已经非常用心地在抚养孩子了，有时还是会出现磕磕绊绊。

在大儿子正式入学斯坦福的当天，我就和他大吵了一架。那是开学典礼结束，回到宿舍，我正准备回去的时候。

“我读高中的时候，妈妈你从不来学校看我排剧、参加学校活动。等升平上高中，你最好多去参加一下。”大儿子的语气，一半让人感觉似乎很寂寞，一半又有些责备的意味。

确实，大儿子进入全住宿制的撒切尔学校后，学校里举办过各种活动。但因为下面还有两个孩子要照顾，我自己工作又非常忙碌，很难抽出时间参加。

他在高中时，作为亚洲人首次担任音乐剧主角。如此重要的大活动，这孩子在舞台上大放异彩的模样，我却没能亲眼目睹。那时候我也问过他，是不是去一下比较好？但大儿子却回答我“不来也行啊”，所以我也就没当回事了。

现在想来，当时他一定感到非常寂寞吧。我自己也后悔得不得了，于是对他说：“那时候不是你说不用我来了吗？”“想要我来的话，应该早点和我说啊……”

而他只留下一句“算了，就这样吧”就转身出门，和朋友去参加开学典礼的集会了。

我原计划当晚回洛杉矶，第二天一早和唱片公司开会。从斯坦福大学出发，开车需八小时左右。

坐上汽车，开了三个小时。可我实在很在意和大儿子方才的对话，萦绕在脑海里赶都赶不走。“还是应该和他好好谈到最后的……”于是调转车头，再次开回了斯坦福。到了他的宿舍，去了个电话。

“咦？已经到洛杉矶了吗？好快！”

“没有，我又开回来了。现在在你宿舍里。”

听我这么一说，大儿子吃惊地问：“回来干什么啊？”

“我想正式向你道歉。”

也回到了宿舍的儿子，眼里彷佛都要噙出了泪花一般，对我说：“妈妈，真是败给你了。我知道啦。原谅你啦。”接着，我们俩拥抱在一起。

使大儿子感到了寂寞，已经是无法挽回的事实。但是，能够说句“对不起”，从心底互相理解，这真心令人高兴。那天大半夜，我开了一个通宵的车。但是，我的那份真心诚意能够传递到大儿子心里，真的太好了。

和二儿子之间，也发生过类似的事情。正在读斯坦福的二儿子对我说：“感觉只有我没怎么被妈妈疼爱过。”

我自己完全没觉得有这回事。但是我记得，以前确实总对他说：“你呀，爸爸最了解你了，你比较黏爸爸嘛。”

二儿子在高中期间，把自创歌曲录唱下来发布到了网上，引起了热议，甚至有美国的唱片公司来约谈。但是，平时我丈夫就一直告诫孩子，“演艺圈很残酷哟。还是好好读完大学，做些普通工作比较好。”所以二儿子当时瞒着我们，婉拒了对方。

如果我更加支持二儿子的音乐之路，并早点知道有这么一件事，我想我一定会建议他放手去干吧！所以事后听到这段话，很是后悔。感觉这孩子过了二十岁以后，我和他之间产生了一些距离。

为了恢复我们的母子关系，我在工作上做了一定调整，暂时搬到了他在美国住的公寓里，住了三个星期。之后，他被选为斯坦福大学学生音乐剧的主角，确定要进行世界巡回表演的时候，我一声令下：“我们去做升平的粉丝吧！”带着三儿子一路跟随，观看了在韩国、中国大陆、澳门等地的公演，还和剧团里其他学生打成一片。

闭幕演出在纽约举行。

我们和剧团成员住在同一个地方，一直都非常期待见证最后的舞台。谁知天有不测之风云，演出当天突然刮起超强台风，表演只得中止，大家都失望极了……

为了让垂头丧气的学生们重新振作起来，我邀请大家一起去哈德逊河游船。台风一过，大伙在船上一边用餐，一边眺望欣赏纽约的夜景，年轻人和着音乐节拍跳起舞来。

突然，二儿子来到我身边，对我说：“妈妈，来跳舞吧！”虽然非常不好意思，但当时真的很开心。儿子的朋友们也都热烈鼓掌。

二儿子略害羞地对我说，“本来我还想继续和妈妈你对着干的，但实在找不到讨厌您的理由啊。一直以来真的特别感谢您。I Love You。”时常会听到人们说，养儿必有回报，那时候，我才切身感受到一切真的都值了！

如果亲子关系遇到了磕绊，哪怕只嗅到一丝丝信号，也要立马采取具体的行动，努力解决问题。用行动来表达爱意，并且始终和孩子面对面交流。精诚所至，金石为开，你们的亲子关系想必一定可以往好的方向发展。

# 第六章

# 往斯坦福大学的道路

スタンフォード大への道

# 50

# 不要因为学费问题而放弃

学費のことで諦めないで

Schools will help you pay the tuition

利用奖学金制度，上斯坦福也并非遥不可及。

斯坦福大学是私立学校，学费相当高昂。我家儿子们小学、初中上的都是日本国内的国际学校，高中则是美国的全寄宿制学校，之后大学又都上的是斯坦福，因此我们在教育费上的花销相当可观。

抚养孩子的过程中，我们夫妇俩非常努力，几乎不分昼夜地拼命工作，可以说赚来的钱基本上都作为儿子们的教育投资了。

有人可能会说："对于普通家庭，私立学校的学费负担太重。怎么可能完全效仿您家的情况啊。"

但是，并不是毫无办法。在我儿子的朋友中间，有不少是拿奖学金上学的学生。在日本的国际学校里，一定会有某种形式的奖学金制度。有的制度，针对有发展潜力的学生，给予减少甚至免除学费的优惠。

儿子们上的西町国际学校也有一项叫做"Outreach"的奖学金制度，给予学生经济方面的支持。根据父母的收入情况，免去一部分学费，甚至可以全免。一般来说只有一年的补助，但只要孩子成绩优秀，到毕业为止学费皆可免除。也就是说，没有必要因为经济原因就放弃升学。

美国高中的奖学金制度更加丰富完善，我家三个儿子上的撒切尔学校，百分之二十八的学生都利用到了奖学金制度。

但是，部分学校也有外国人无法申请奖学金的限制。如果想上美国的高中，请务必调查清楚该学校的奖学金制度是否惠及外籍人士，这一点很重要。

当然了，对于经济条件不富裕的家庭来说，没有必要让孩子从高中就开始在外留学。

我家儿子的很多朋友，都是在日本国内上的国际高中，然后再去国外大学留学的。如果是日本的国际学校，在利用奖学金制度方面应该没什么问题。而且，毕业之后还有可能升入日本著名大学，选择的范围也更广。这在中国也是一样，只要有心，一定有办法的。首先是不要轻易放弃梦想。

在美国，有不少大学会为外国学生提供奖学金，斯坦福大学也是其中一所。如果需要领取奖学金，提出申请书时请务必写明 Financial Aid（财务补助申请）。要是没写的话，等正式入学后就无法重新申请了。

奖学金是根据对象家庭的经济状况计算的。父母年收入在六万五千美元以下的学生，上学后父母的负担为零。学费、住宿费、餐费、杂费，乃至零花钱都由校方提供。年收入十二万五千美元以下的家庭，也可优先拿到奖学金。

就连更高收入的家庭，如果家里有几个孩子在同所大学就学，也可申请奖学金。

虽然学费不菲，但一旦被合格录取，金钱问题总有办法解决，这就是一流大学的证明。一旦被认可能够入学，校方会给予经济上的保障，让学生可以正常升学。

如今，斯坦福大学百分之八十五的在读学生，多多少少都接受了财政方面的援助。“因为没钱，所以上不了斯坦福大学。”希望大家不要因为这种理由而放弃。“只要努力，上斯坦福大学就不会只是个梦。”这是我的恩师，迈拉·斯特罗伯博士的一句口头禅。

据《福布斯》杂志的统计，斯坦福大学名列大学教育投资回报率排行榜头三位。斯坦福毕业生的收入，甚至比哈佛大学、普林斯顿大学的都要高。

对教育进行投资，绝对不会浪费金钱。我一直相信，这才是最高效的投资。

作为父母，如果要给唯一的孩子留下点东西，应该给他留什么好呢？

我始终确信，应该给孩子高质量的教育，在他们的头脑中留下谁都无法夺走的知识。

# 斯坦福大学的申请书

## スタンフォード大学の愿书

斯坦福大学为报考入学的考生，专门开设了一个主页。打开后，立刻映入眼帘的有这么一句话："请对自己的成就拥有自信，并且相信自己将来要走的路。怀揣着自信，想一想如何表现自己。"

英语单词，believe、confidence、trust，"相信"、"自信"、"信任"，将这三点永记心间，强调了相信自我的重要性。也就是说，拥有自信高于一切，这是个大前提。

在此，我想简单介绍一下儿子们写的申请书内容。希望对今后想挑战斯坦福大学的各位有所参考。

二〇一五年，也就是我家三儿子被合格录取的那一年。斯坦福大学的申请者人数共有四万二千四百九十七人。其中，合格者二千一百四十二人。入学率百分之五，竞争率约二十倍。

斯坦福大学会根据学生的过往四年的成绩、大学升学适应性测验（即SAT[1]或ACT[2]）成绩、申请论文、对于校方提出的课题所写的报告，以及高中老师的推荐信这几方面，进行入学选拔。

根据校方发布的数据，当年合格录取的学生过去四年成绩（GPA[3]）平均分，以四分为满分，四以上的有百分之七十六，三点七至三点九九的为百分之二十一，三点七以下的是百分之三。百分之九十七的合格者在原学校的成绩，都可排进年级前十分之一。

大学升学适应性测验（SAT），要求的是数学、阅读、写作三门科目的考试成绩，每科满分为八百分，总计为二千四百分。斯坦福大学要求这三科的成绩，每科最低都必须达到七百分以上。同样的，ACT考试成绩以三十六分为满分，考取斯坦福的合格者中百分之八十九都取得了三十至三十六分。

我家三个儿子在学校的成绩都是属于比较名列前茅

的。四年成绩（GPA）满分是四分，他们三人都超过了这个分数。要说为什么会有这么好的成绩，是因为有些高中会设置大学水平级别的 AP 课程[4]。

斯坦福大学，会关注学生考过多少AP课程的考试。

AP 考试成绩以五分为满分，考过的 AP 考试多、成绩好的话，平均分就越高。所以我的儿子们积极参加了 AP 课程考试，最终，他们的 GPA 都超过了四分。

大儿子荣获了全美学力顶级学生的殊荣，三儿子在 AP 课程的全美考试中也获了奖；二儿子虽然没收获什么特别的奖项，但他的成绩也相当优秀。这些优异的成果，全靠平日努力。取得好成绩是最低条件，做不做得到就看自己的努力程度了。

接下来是 SAT 和 ACT 的统一考试，这两项都是考查学习能力的测验。基本上大学会要求数学、英语和写作三科的成绩，斯坦福大学也会考查 SAT 或 ACT 其中之一。大儿子在 SAT 考试中，数学取得八百分满分的好分数，二儿子也有七百多分。三儿子考的是 ACT，三十六分满分中平均分达到了三十四分。

统一考试的难度相当大，有些学生甚至需要另外去读培训班进行练习。想要战胜这个考试，除了练习、不断练习，别无其他捷径。市面上有销售例题集的书，反正就是一个劲儿地练习做题。虽然考试规则上来说，参加几次都没关系，只要把考得最好的一次提交给报考学校就行。但是像斯坦福大学，要求参加过的所有考试的成绩。因此有传言说，如果参加了太多次考试的话，反而会给校方留下不好的印象。

儿子们是在美国高中参加的考试，我基本上没有干涉过。但是，比如暑假时他们回到日本，我会和他们一起练习。

如今在美国，有许多大学接受统一申请书[5]的形式，也就是说，同一份申请书可以提送给多所大学。其中包括基本的申请论文[6]、成绩、推荐信等。斯坦福大学也加入了这一机制，但除了统一申请书之外，还要求考生回答校方另行提出的课题。

普遍认为，申请书中最最关键的，就是申请论文。能否写好这份论文，非常关键。大儿子从自己生长在两种不同文化环境的亲身经验出发，以自我身份认同为主题撰写。二儿子则从我得了乳腺癌的事情延伸，讨论了关于生命的问题。三儿子写了自己亲身经历了东日本大地震之后，对自己的人生产生了哪些影响。

他们写的论文我都看过，每一篇都让我感动到落泪。据说，申请论文最重要的一点，就是在文章中是否能读取孩子的人格、想法。儿子们坦诚的自我表达，相信一定引起了选拔考官们的共鸣吧。

想要写好论文，需要长时间教育上的积累。将事情转述给他人时的逻辑顺序、自我分析能力、总结自己想法的能力、是否有自己独到观点等等，可以说一篇小小的论文，乃是一份综合性教育的结晶。我记得，在读完儿子们的论文后，甚至发出过这样的感慨，“如果斯坦福大学没有录取的话，损失的可是学校一方啊。”儿子们的论文，可谓浓缩了至今为止他们所有的人生。

除此之外，申请书中还会要求写一下学习以外做了什么。大学一方通常认为考生成绩优秀乃理所当然，所以还会询问考生除此以外的生活是如何度过的。学生是否有领导能力？对社会有过什么贡献？运动方面怎样？艺术素养如何？从各种角度综合判断一名学生。在这些方面是否会出现差距，非常关键。

大儿子在高中时被指定为代表学校的“大使”（Ambassador），也是学校裁判委员会（Judicial council）的委员。另外还兼任风纪委员，受到低年级后辈的拥护，为学校做了许多贡献。而在艺术方面，除了担任音乐剧主角外，还会弹吉他、吹萨克斯风，兴趣是烧陶瓷和绘画。

社会贡献方面，以协助联合国儿童基金会的活动为起点，在本地闹水灾的时候，也冲到了前线参与到义工活动中。虽然不算是名运动健将，但他爱好骑马、野营和钓鱼，积极参加保护自然的活动中去。

二儿子十分爱音乐，高中时连续两年担任音乐剧主角。自创歌曲在网上也一度成为热议的话题，拥有某音乐网站民谣类排行前十的高人气。

他高中时组织了名为“Spring Sing”的全新音乐节目，旨在让所有学生参与，之后更是作为每年举办的常规活动。

二儿子也是风纪委员，经常照顾后辈们。除了联合国儿童基金会的活动以外，还曾单独前往泰国、柬埔寨，积极参加义工活动。也经常进行骑马、野营等户外活动。

擅长设计和计算机绘图的三儿子，高中时曾受校方委托，制作学校一百二十五周年纪念的视频。以此为契机，完成了诸如调查学校历史、撰写剧本、采访毕业生，从摄影到编辑一系列大量的辛苦工作。作品放映会上，众多毕业生们聚集到一起。这部作品受到大家的热烈好评，不少人感动到热泪盈眶。他还在学校担任首席校园导游，兼任“Spring Sing”的制作人。

和两个哥哥一样，三儿子也是一名风纪委员。作为学校义工活动之一，每星期拜访附近的幼儿园，协助老师做些小朋友的教育工作。另外，还被任命为助教

（tutor），为后辈们教授写作方法。

在机械人制作的课程方面，为所属高中赢得美国高中机械人全国大会的出场权贡献了自己的一分力量。除了在泰国、柬埔寨进行义工活动以外，也积极参加联合国儿童基金会组织的活动和东日本大地震的赈灾支援活动。甚至还利用暑期时间，做一些实习工作。比如在美国进入微软旗下的子公司，在日本进入公司的设计部门。诸如此类，积累了不少社会经验。

三儿子除了会骑马，还擅长玩橄榄球，也很喜欢攀岩。也算是个运动好手。

如上所述，我家三个儿子在校内校外都积极参与到除学习以外的各种活动中去。美国的大学在选拔考生的时候，会特别关注学生在类似活动中的活跃程度。

还有一个比较大的决定性因素——来自老师的推荐信[7]。斯坦福大学要求考生提供英语和化学老师那里出具的两份推荐信。儿子们都有各自信赖并非常喜爱的老师，所以主动向这些老师们请愿。我想他们最终考上斯坦福，一定也是多亏老师们写了非常棒的推荐文。

平时和老师们积极交流，多问问题、多聊一聊，这是非常重要的。万一以后要麻烦老师帮忙做推荐，如果平常和老师没什么交际的话，他就不知道该写些什么了。作为学生，要每天不断努力让老师了解自己，这一点很重要。

斯坦福大学独自的论文课题[8]中，有过“平常在读什么样的书？”“请写一份给未来室友的信。”等等设问。儿子们在撰写论文报告的过程中，笔端风格时而认真时而幽默。

校方接收申请书后，据说会由多位选拔考官进行阅读，然后在会议上反覆讨论，决定录取与否。这一过程是非公开的，所以我不清楚详细经过。在堆积如山的申请书中间，怎样才能吸引考官的注意呢？怎样才能宣传自己呢？这才是真正的难点。

说老实话，为什么我家三个儿子都能合格，个中理由我也不知道。即便尽了自己最大的努力，也获得过非常棒的成绩，儿子们的朋友中也有好几人最后还是没被斯坦福录取。

孩子的高中指导员经常说：“就算没考上也不要失望。只要想着是因为自己和那所大学不投缘而已就行了。”

我也是这么认为的。

我想，之所以三个儿子都能被斯坦福录取，一定是因为他们所要求的理想学生，与我培养儿子的教育目标相一致吧。

当然了，也是由于儿子们坚持不懈的努力。但我认为，在这之上，更是承蒙了包括老师们在内，风雨无阻地帮助儿子们成长的众多人士的照顾，孩子才能考取那么难考的大学。

如今，对于给予了儿子们支持的所有人，真心满怀感激。

## 注

1 SAT（Scholastic Assessment Test），由非盈利法人美国大学理事会（College Board）主办的考试，如今在投考美国国内大学时被采用得最为广泛。科目有文章阅读、数学等。通常一年举办七次（在日本是六次），不限参加次数。有的大学考生可选择考得最好的成绩提交，也有的大学需要考生提交所有考过的成绩。

2 ACT（American College Test），由民间企业主办的考试，志愿报考大学的美国高中生都可参加。统一考试科目为英语、数学、科学、阅读。计算四科平均分而非总分，满分为三十六分。

3 GPA（Grade Point Average），美国大学入学参考要求之一，以简单的数值表示学生成绩。在欧美大学和高中普遍应用，在日本也有越来越多的大学开始导入这一机制。

4 AP 课程，美国高中提供的课程。与普通课程相比，内容和课题的水平都要求更高。参加这类课程的人一般都要参加全国统一 AP 考试（每科都设置考试）。

5 可向任意大学提交的统一的申请书，形式主要为在线申请。涉及高中时的成绩、获奖经历、课外活动、自选主题撰写的个人论文等多个方面。

6 即 essay，写有报考动机和未来规划等自我宣传的内容。具体分为统一申请书中的 essay 和各所大学要求的 essay。在入学审查中最受重视。

7 客观反映申请者的资质、能力及人格魅力的文件。大多指定由高中班主任、升学指导老师、主学科教师等撰写。

8 斯坦福大学二〇一五年所出的论文主题为：

·“关于自我”：（1）请列举最喜欢的书、作者、电影或艺术家（五十字以内）；（2）喜欢看什么样的报纸、杂志或网站？（五十字以内）；（3）如今社会面临的最重要的课题是什么？（五十字以内）；（4）过去两年的暑假是如何度过的？（五十字以内）；（5）最近一年发生过的最开心的事情是什么（表演、展示、大会、会议等）？（五十字以内）；（6）如有可能，请说出想要目击什么样的历史事件？（五十字以内）；（7）最能形容自己的五个词是？

·“课外活动”：关于自己参加过的课外活动或者劳动经历，请选择一件简单说明一下（一百五十字以内）。

·“对自己来说重要的想法和经验”：斯坦福大学学生都

拥有智慧的生命力。请回顾一下对自己智慧发展来说重要的思想和经验（二百五十字以内）。

· “给未来室友的一封信”：斯坦福大学绝大多数的学生都住在校园里。为了展示你自己，或者帮助你的室友还有我们更好地了解你，请写一封以未来室友为收件人的信（二百五十字以内）。

· “对自己来说什么是重要的”：对你自己来说，什么是重要的？并阐述理由（一百至二百五十字以内）。

（资料提供　海外顶级大学升学培训班 Route H）

# 后记 | 我的三个儿子　　エピローグ

这里，我想再次介绍一下本书中登场的我的儿子们。大儿子 Arthur（金子和平），一九八六年生于当时我母亲居住的加拿大多伦多。二儿子 Alex（金子升平），一九八九年生于斯坦福大学的医院，当时我正在留学。三儿子 Apollo（金子协平），一九九六年生于我的故乡香港。三人出生时都是大胖小子，托大家的福，无病无灾一路健康成长。

三个儿子都上过幼托所，两岁半开始，进入东京涩谷区的青叶国际学校。在那里所有课程都用英语进行。孩子们与小朋友们玩耍的同时，轻轻松松地掌握了英语。基本上在家里教他们日语，英语就是在幼托所学会的吧。

之后，小学、初中都上的是东京港区的西町国际学校。当初也曾考虑过要上日本比较有名的私立小学，但是我们夫妇俩经过缜密的商量，觉得好不容易打好了英语的语言基础，即使汉字能力多少会减弱，还是让孩子去上国际学校比较好。对今后走向世界来说，英语是必会技能，就算有点冒险也要试一试。于是才下了这个决定。

在西町国际学校，通常课程是用英语进行的，但也有教授日语、日本传统和文化的课程。我认为这样的双语教育，很大程度上激发了儿子们的内在潜力。

然后从高中开始，三个人都去美国加利福尼亚州的撒切尔学校留学了。

当时我对于美国高中完全没有任何了解，是斯坦福大学相识的教授，帮我收集了美国一流高中的信息，给我寄来了相关资料。接着我就和大儿子商量，选出大约十所学校的候补名单。美国大多数的顶级高中，集中在东海岸。但是，大儿子最中意的，却是位于西海岸的撒切尔学校。

这所高中的教育非常独特。不仅治学严谨，也秉承并实践在日本称作“文武双全”式的教育理念。在这所实行全寄宿制的高中里，有一个大牧场，所有新生都会被分配一匹需要自己负责的马儿。新生每天起床后，必须先去马房，处理马儿的大小便、喂饲料。照顾完马儿后，自己再回去洗澡、吃早餐，然后再去上课。这个任务不分平日、周末，每天都得完成。学生们被赋予了保护除自己以外的生命的义务，懂得了生命的重要性，也培养了责任感。

除此以外，每年还要参加两次为期一周的野营活动，其严酷程度堪比生存训练营。学生们在那样的活动中培养互助精神和友谊，还可以获得强大的精神力量。

大儿子和我都感受到这种教育理念的魅力，于是决定进入这所高中。而事实证明，这个决断并没有下错。实际上，在都市中长大的大儿子，上高中以前不怎么擅长体育活动，感觉多少是个体质较弱的孩子。而进入高中后，每过一学期，在他的身上都能看到焕然一新的茁壮成长。

毕业之后，大儿子被斯坦福大学录取了。之后弟弟们也像追随着哥哥的足迹一般，走上了同样的升学道路，也进入了斯坦福大学。

如今，儿子们都生活在美国加利福尼亚州的硅谷。

大儿子和平，大学专业为国际政治和经济学。在校期间曾在华盛顿白宫做过实习生，也作为交换生到北京大学度过了一学期。

大学在读期间，他就开始在一家软件开发公司工作。这家公司所开发的软件，可以分享孩子的画作并与伙伴一同作画。

之后他到了一间美国投资公司上班，短短两年时间就已晋升为 VP（副社长），但为了与伙伴创业，他辞去了高收入的工作，开始创立自己的公司。

现在他是这家公司的 COO（首席运营官），负责日常公司运营和管理旗下员工，工作十分忙碌。虽然我有些担心他会因为实在太忙，而没有时间放松休闲，但是看着他埋头于工作的身影，真是觉得很可靠啊。

他的料理爱好也依然延续至今。在私人派对上，有时也会向友人们一展厨艺。我时常会在 LINE 上收到他发来的照片，被许多朋友围绕在中间的大儿子，笑容满溢。

二儿子升平，大学专业是音乐技术，被一般只会录取研究生的CCRMA（电子音乐与音响研究中心）招入，特别让他在毕业之前，得以学习音乐和计算机科学的课程。

在校期间他作为无伴奏合唱团成员，辗转美国各地公演；被选为学生自制原创音乐剧的主角，在世界各地的巡演活动也大获成功。

他在毕业之后，迅速被人发掘，进入一家制作全新形态助听器的公司。作为声音方面的工程师，与同事们联手开发出了划时代的新产品。这款跨时代的助听器名为“EARGO”，刚上市就相当热销，经常处于售罄状态，可谓是超人气商品。现在二儿子正继续研究进一步优化的次代助听器。

他现在经常去健身房锻炼身体。如今的梦想，是从南美洲遍及美国全境，进行为期六个月的生存露营。

三儿子协平，也开始意气奋发地在斯坦福大学上学了。

专业选择尚在考虑中，计划五年里取得硕士学位，希望将来研究 AI 的发展。

现在已经交到好多朋友，正尽情享受着大学生活。

顺便一提，他们三个人都有了非常可爱的女朋友呢。

**图书在版编目（CIP）数据**

50个教育法：我把三个儿子送入了斯坦福／[英] 陈美龄著；陈怡萍译．—上海：上海三联书店，2019.6重印
ISBN 978-7-5426-5670-4

Ⅰ.①5… Ⅱ.①陈… ②陈… Ⅲ.①家庭教育 Ⅳ.①G78

中国版本图书馆CIP数据核字(2016)第193815号

# 50个教育法：我把三个儿子送入了斯坦福

著　　者／[英] 陈美龄
译　　者／陈怡萍
责任编辑／黄　韬　职　烨
装帧设计／姚国豪
监　　制／姚　军
责任校对／张大伟

出版发行／上海三联书店
(200030）中国上海市漕溪北路331号A座6楼
邮购电话／021-22895540
印　　刷／上海盛通时代印刷有限公司

版　　次／2016年9月第1版
印　　次／2019年6月第15次印刷
开　　本／787×1092　1/32
字　　数／80千字
印　　张／8.875
书　　号／ISBN 978-7-5426-5670-4/G・1437
定　　价／35.00元